I0438483

レスター・サロー

Lester C. Thurow

資本主義を超えて我々はどこへ行くのか

What Lies Beyond Capitalism?

経済探検
未来への指針

The Age of Economic Exploration

未来ブックシリーズ

経済探検　未来への指針

資本主義を超えて、我々はどこへ行くのか

序

平衡断絶期の時代には、昔ながらの政策や戦略で経済社会は機能しない。今までとは違った、新しいやり方を見い出さなければならない。それは、人々が変化を起こそうと願っているからではなく、単にそれしか選択肢がないからだ。使い古された道を歩み続けるのは不可能である。

一九九〇年代初期に、株式市場、および不動産価格の暴落を経験した日本が、明らかにこのパターンにあてはまる。第二次世界大戦後の半世紀に、日本において、そして日本人にとってうまく機能していたものが、今となっては機能しなくなったのだ。工業国のなかで最も急速な成長率を誇っていた国が、今や最も成長率が緩慢な国になってしまった。かつては、多額の負債を負ってでも設備やマーケットシェアを拡大することが、経済的成功と強い競争力を生み出していく時代があった。しかし今となっては、このようなやり方は弱点につながるばかりである。

平衡断絶期は、チャンスと脅威の両方を生み出す。インテル社やマイクロソフト社が、コンピュータ業界で支配的勢力となるに至ったその技術力が、IBM社をコンピュータの支配勢力の座から引きずり降ろしてしまった。この二つ、チャンスと脅威はセットである。

共産主義の内部崩壊は、資本主義に対して閉ざされていた市場を開放したが、同時にそれは、輸出先行型経済成長の終焉をもたらすことになるだろう。たとえば中国が輸出ゲームを始めたなら、他のだれも、それに参加する余地がなくなってしまう。中国一国だけで、工業世界が欲するすべての低賃金、低コスト生産品を供給することができるからだ。

平衡断絶期の勝者とは、未来を予言できる人や企業や国ではない。それは不可能だ。勝者とは、未来を形作る勢力を理解し、それらの力に対抗するのではなく、その利用法を理解できる人々である。

この新しい力を理解したら、自らの行動様式を迅速に変えられる人々が勝者となる。勝者は、コンピュータ業界で儲かるものは「組み立て」(IBM)ではなく、「部品の製造」(インテル)に移ったことを知っている。勝者は、かつて長距離電話であげられたような利益がもはや存在しないことを知っている。そして、新しい分野でリーダーになるためには、しばしば古いものを破壊しなければならないことも知っている。真空管を作っていた人々にとって、トランジスターの導入は、彼らの栄光の時代の終わりを意味した。従来型の技術の先頭に立つ人々にとって、これは非常に認識しにくいことである。アメリカの五大真空管メーカーは、どれも、トランジスターや半導体への移行に成功していない。自分自身を積極的に破壊し自ら生まれ変わることは、非常に難しいことである。

最終的に勝者になるのは、あえて探検に挑む人々である。過去の地理探検の時代にはまさにそのとおりであったし、未来の経済探検の時代においても、その精神を決して忘れてはならない。

レスター・C・サロー

目次

第三章　新世界の発見

第四章　未来への航海術

装幀——川上成夫
カバー写真——©KAZ MORI
ザ・イメージバンク1998
編集協力——ピーター・デイヴィッド・
ピーダーセン

第一章　新時代の経済探検

――日本はどこへ向かうのか――

マルコ・ポーロ、ジェームス・クック、フェルナンド・マゼラン、ヴァスコ・ダ・ガマ。歴史には偉大な探検家たちが現れた。彼らはビジョンへの信念と冒険精神をもち、既知の世界のフロンティアを拡げていった。

これらの探検家の中で最も有名なのは、疑いなくクリストファー・コロンブスである。一四九二年、彼はインド（当時、それはアジアを意味した）を見つけるため、ポルトガルからサンタマリア号に乗り、西へ向かって船出した。クリストファー・コロンブスは確かに知的で、果敢で、偉大なビジョンをもった男だった。が、彼が発見したのはインドではなかった。実は、彼は自分で立てた目標に到達したわけではなかったのだ。彼が到達したのは、「新世界」だった。偶然アメリカを発見したのだ。しかし、発見しておきながら、彼は実際には自分が発見したものが何なのか、見当もつかなかった。

コロンブスについてこのような冗談がある。「彼は行く先を知らず、しかもそこに着いたときには、どこにいるのかわからなかった」。だが、それでも彼は、歴史上最も偉大な探検家としてその名を残している。

イタリアのジェノヴァで、代々地図作製技師の家に生まれたコロンブスは、慎重かつ腕のたしかな航海家だった。彼は、航海についても地図についても知識をもっていた。そして地球が丸いことも知っていた。しかし残念ながら、計算を間違えてしまい、世界の直径を実際の四分の三しかないと思っていた。また、アジアまでの陸路東回りの距離の見積りが長すぎたため、それを差し引いたアジアまでの水路西回りの距離を、大幅に短く見積もってしまったのだ。こうした間違いが重なって、彼は、インドがカナリア諸島から約三、九〇〇マイルのところにあると考えてしまった。そして、そのあたりにたまたまアメリカがあったのだ。船団に積み込んだ水の量から考えると、もしアメリカ大陸がなかったら、コロンブスと彼の水兵たちは、みな水がなくなって死に絶え、歴史の書物には残らなかっただろう。

コロンブスは世界で最も偉大な探検家として、歴史に名を残している。おそらく歴史上最も有名な男だろう。なぜなら、全く予期されなかったアメリカ大陸を発見し、そこはたまたま「黄金の地」だったからだ。この物語の教訓のひとつは、頭がよいことは重要だが、さらに幸運でなければならない、ということになるだろう。しかし、究極的には、コロンブスが成功したのは、単に幸運だったからではない。周りの人々にひどく反対されたにもかかわらず、それまでだれも行かなかった海域へ船出する努力をしたからなのだ。彼のけた外れの努力なしには、途方もない幸運を得る立場に身を置くことはできなかっただろう。コロンブスが歴史の記録に残ることを可能にした最も重要なポイントは、冒険精神だったのだ。そしてそれは、既知の世界の境界を限りなく拡大したのである。

今日、探検できる地理的領域はほとんどない。すべての大陸は、すでに無数の探検家に踏破されている。極地へは、徒歩、そり、スキーなどあらゆる方法が試され、世界で最も高い山々は、交通渋滞時のフリーウェイと同じくらい混雑している。今の時代に、従来の意味での偉大な探検家として有名になりたいのなら、宇宙旅行家にでもなるしかないだろう。

しかし、今日ますます必要とされている別の形の探検が存在する。それは、来たるべき千年期の、未知の経済社会環境への探検である。そこはまだ、クリストファー・コロンブスのような探検家が、知識やチャンスの新世界を発見するには至っていない。

二〇世紀には、資本主義、共産主義、ファシズムなど、いくつかの競合する経済社会システムが存在し、それぞれが世界を支配しようとした。まず、第二次世界大戦の終結とともに、ファシズムが崩壊。それから数年後、共産主義も見事な崩壊に見舞われた。その理由については、今日もなお議論されているところだが、今やわれわれに残されたのは、地球上で唯一の存続可能な経済システム、資本主義のみである。他のすべてのシステムは失敗に終わり、資本主義、そして市場ルールのみが機能している。

しかし、明らかな資本主義の成功も、決して「歴史の終わり」をもたらしているわけではない。それとは反対に、その成功の絶頂にあって、この唯一存続可能な経済システムは、それを資本主義と呼ぶにせよ、市場経済と呼ぶにせよ、内的な矛盾に満ちており、深刻な近視眼（先見性の欠如）に苦しんでいるからだ。後述するが、もしよりよい未来を創造したいと望むなら、そして人類の存在のフロンティアを拡大し続けたいと望むなら、コロンブスの精神、つまり探検の精神が非常に必要とされているのだ。

われわれは今、経済探検の時代を迎えている。明日の経済世界をはっきりと描くことは、一五世紀にあって探検へ出発することと非常によく似ている。われわれは探検しようとしている世界の地図をもっているかもしれないが、その領域の半分は「未知の世界」と記されているのだ。われわれは航海し、正確な進路を計算することはできるが、どこへ到着するのか、計算の基本的パラメーターは正しいのか、などについては、はっきりと確信できていない。

今日の経済予測と計算は、常に過去のデータの敷衍に基づいている。そのため、ほとんどいつも間違っている。今日のように大きく変化している世界では、直線的な敷衍はあまり有効ではない。経済的環境があまりにも急速に変化しているため、たとえはっきりした目的地を見据えて旅に出たとしても、ゴールに到着する前に、すべての地質的、地理的構造が変形してしまう可能性が大きいのだ。

近年アジアやメキシコにおいて、それまで健全で好景気であると思われていた経済基盤が崩壊し、ある日突然、国際金融機関によって救済を受けなければならなかったという事態も起きている。一九九五年のメキシコ通貨危機の場合も、一九九七年の東アジア経済のドミノ式混乱の場合も、国際通貨基金（ＩＭＦ）やその他の国際経済機関の主要メンバーたちは、不意を襲われた。どちらの場合も、崩壊の二、三ヵ月前に、ＩＭＦはこれらの国々の目覚ましい経済実績と健全な財政政策を賞賛していたにもかかわらずである。

今、われわれが航海している経済の海域は、明らかに荒れていて予測不可能である。それは危険と不確実性に満ちているように見えるだろう。しかし今は、大きな不確実性と危険の時代であるばかりでなく、大きなチャンスの時代でもあるのだ。今日われわれには、探検し、新しい戦略を探し求める素晴らしいチャンスがある。過去の有名な探検家たちのように、われわれも今は「向こうのほうに何かがある」ぐらいの、漠然とした期待しかもっていないかもしれない。しかし、次の千年期の最初の数年間で、思考と実践の新たな進路を探検する意志が大いに必要になるだろう。そのうちのいくつかは袋小路に入るだろうし、いくつかは全く新しい世界へわれわれを導いてくれるかもしれない。

この新たな経済システムとその実践が探究類比されるのが、一九世紀の北西航路の探索である。その探検には多くの努力と威信が傾けられ、それがアラスカとグリーンランドの間の北西航路の発見につながったわけだが、それが実際にそのとき発見されたのか否かについては、議論の余地がある。北西航路は氷に覆われており、一年のほとんどが利用に適さなかったため、その探索は究極的には無駄に終わったわけだ。しかしわれわれは、その努力から多くのことを学んだ。つまり、二つの大陸間のよりスムーズな航路を見つける、という当初の目標は達成されなかったが、努力そのものが、多くのポジティブな発見につながったのだ。

未知を探検するとき、われわれは、しばしばその旅自体から、最初に立てた目標に実際に到着するのと同じぐらい多くのことを学ぶ。

未来は予測できるか

だれも未来を予言することはできない。それは今も過去も変わらぬ事実だが、今日では特にそうである。今われわれが経験している経済の移行は、ものすごい速さで進行しており、毎日あまりにも多くの新しい出来事が展開するため、人類の歴史上、これまでになく未来を予見するのが難しいのである。これから起こることを詳しく予言しようとする未来学は、意味をなさない。それは全くの時間の無駄である。できることは、未来を形作る基礎的な諸勢力を理解し、どんなことに遭遇しても驚かないようにしておくことぐらいだ。

過去の偉大な海洋探検家は、気象学の知識、風の吹き方、航海の基本、海に関する基本的な知識について知っていなければならなかった。彼らは二、三日先の天気や波の高さを正確に予言することはできなかったが、海のもつ様々な力を理解することによって、どんなにひどい嵐も乗りきることができたし、逆に天候が好転した場合、それを活かせるよう常に備えていた。同じようにわれわれも、われわれの経済を作り変えていく様々な力がいかなるものかを理解することで、より素晴らしい社会を作りあげることができるだろう。

　では、様々な力とは基本的には何だろうか。それらはどのように相互作用するのか。どのように経済のゲームを変えるのか。新しいゲームの勝利者となるためには、何が必要なのか。本書ではこれらの疑問を扱っていく。

　現在のトレンドから単純に未来を予測するのは間違っている。そのような予測では、人類の歴史におけるターニングポイントを見逃してしまうからだ。人類史上、最も目覚ましい、革命的な変化は、どれも、まっすぐで漸進的な進展の延長線上には起こっていない。たとえば、共産主義の経済社会システムの劇的な崩壊は、ほとんどの人々にとって大変な驚きだったではないか。これは、二〇世紀末期の歴史における最も重要な出来事のひとつであったが、だれもそれを予言することはできなかったのだ。

　インターネットの出現にしてもそうだ。ほんの十年前には、それまであまり知られていなかったコンピュータネットワークが、爆発的な成長を遂げるなどと、だれが予期しただろうか。いかにインターネットがビジネスの世界を変容させるか、それを想像できた人はだれもいなかったのだ。しかし今日、電子的商取引は、五千年以上も続いてきた小売業の伝統に対する大きな脅威となっている。

今日の世界で機能している唯一の経済システムである資本主義について考えるとき、その未来の運命もまた正確に予言することはできない。社会評論家の中には、資本主義の崩壊は避けられないと論じる人もいるが、実はわれわれには何もわからないのである。たしかに資本主義は完璧な経済システムというにはほど遠いが、それに代わる新しい経済システムの輪郭すら見えていないのである。資本主義の終焉は五十年先かもしれないし、千年後かもしれない。現在の資本主義の形態に取って代わるものが何であれ、そのためには、今日われわれが想像すらできない新しい革新、あるいは新しい発明が必要であるかもしれない。

たとえば一七五〇年において、蒸気機関の発明が世界に巨大な変化をもたらすと想像した人は、だれもいなかった。しかし五十年後、現実にこの発明がなされ、それは産業革命を引き起こし、地球の様相を永遠に変えてしまった。

人類が習得できる最も重要な技能は、未来を予言する能力ではない。必要なのは、未来の未知の海域を進むための進路を描く技能である。経済と社会の基礎的な推進力の理解に探検と冒険の精神を合わせれば、人類は自分自身のための、あるいは会社のための新しい方向を描き出すことができ、それは人類が二一世紀に生き残り、繁栄するチャンスを大いに増大させるだろう。偉大な変化の時代、つまり人類の歴史における過渡期は、多くの未知なる領域、そして、多くの新しいチャンスを提供する。反対に平穏無事な時代には、可能なところはすべて探検され尽くされ、ビジネス環境としてはあまり面白いとは言えないだろう。

自分をコロンブスだと想像してみてほしい。東インド諸島には獲得すべき富がある。そしてあなたは、そこへ到達するための新しい、よりよい方法、つまり、東へ歩くのではなく、西へ航海するという方法を知っていると信じている。コロンブスもそうであったように、あなたがもっている未来世界の地図も不完全である。西方の新世界は、かなりの部分が未知であるから、あなたにとって最も重要な問題は、計り知れないほど獰猛な嵐にも耐える船を造ることである。船には、漠然とした目的地へ向かって船を駆る帆を張り、いつまで続くのかわからない旅に備えて適切と思われる量の水と食料を積み込む。このような探検のための心得は、五世紀前の地理的探検において必要だったのと同じように、今日の経済探検にも必要である。

強い船を造るということが何を意味するかは、その人が今日置かれている状況や、将来に対して抱く希望や計画などによっても異なる。しかし私は、船の建造者かつ探検家として成功する人に共通の特徴が少なくとも二つあり、それは未来の経済で成功を達成するためにきわめて重要であると考える。

そのひとつは創造性である。探検と創造性は不可分である。未来は予言できないから、人は自分のためにそれを創造しなければならない。そしてこの創造的技能は、もはや大企業に任せておけるようなものではない。二〇〇〇年へ向かうとき、その先の旅には、予期せぬ苦難が待ち構えており、もはや大きな組織や会社が、一人ひとりに確実性、あるいは安定性を提供してくれるとは確信できないからだ。

日本のような国でも、終身雇用は現実というより理想となりつつある。一九九七年十一月に起きた、日本で四番目に大きい証券会社、山一証券の突然の破綻は、絶対的な仕事の保証など、今や単なる神話にすぎないことを如実に示した。もちろん、アメリカではずっとそうであったが、今や日本人でさえ、この新しい現実を受け入れることになるだろう。

創造性は個人と組織の両方にとって重要である。この技能がないと、即座の対応の仕方、あるいは危機への対処の仕方がわからなくなる。特に日本は、グローバル経済の発展に遅れをとりたくないなら、より創造的な環境を作るために非常に努力しなければならないだろう。

ビジョンなくして明日はない

成功する探検家に必要とされる第二の特徴は、ビジョンをもつことである。ビジョンなくして、大きな探検に出るのは不可能である。到達したいと思う場所についてのビジョン、あるいはその旅で獲得しようとするものについてのビジョン。その際、目指したものを見つけるかどうかは二次的なことである。ビジョンをもち、それに基づいて行動することが最も重要なのだ。

しかし資本主義は、ビジョンについてはあまり関心をもっていない。特に長期的ビジョンについてはそうである。資本主義の基本的原則は、短期間に最大限の利益を得ることであり、これはビジネスにおいてのみでなく、政治においても反映されている。政治の世界でも、政治家が再選されるかどうかに一番影響を与えるのは、四年間の在職中に達成した業績なのである。したがって資本主義自体は、ビジョン、あるいは長期的未来の目標を必要としない。すべては市場に任され、市場は即時の収益の方を好む。このことは、世界の金融市場でますます明らかになっている。そこでは膨大な量の電子マネーが、最大の利益の可能性を求めて、事実上一夜のうちに移動する。この経済システムの結果起こってきた現象が、極度の近視眼である。ビジネスリーダーにも政治のリーダーにも、長くて四年から六年先を越えた将来を見据える人はほとんどいない。

資本主義は、変化の速度がそれほど速くない時代、そして、経済環境の輪郭が比較的はっきりしていた時代には、うまく機能したかもしれない。そして、それは産業時代にはうまく機能していたかもしれない。しかし、今日の経済環境は、突然の変化、そしてときには激しい嵐にさらされている。この荒海では、何らかの長期的ビジョンなしには、うまく舵をとることができない。そして、産業時代から私が「人造の知力産業」と呼ぶものが支配する時代へ移行するにともない、未来に投資する必要性が非常に大きくなるだろう。情報インフラや、高い技能をもつ労働者や、市民の教育に投資しなければ、とても二一世紀の競争的環境に備えることはできなくなる。

資本主義の主な競争相手である共産主義の消滅により、現在の経済システムは明白な外敵なしに存在している。これは理想的な状況のように見えるが、実際は、外敵がいないと、しばしば内的な葛藤やフラストレーションが起こる。外敵がいない今日の社会には、よりよい世界を作るために、すべての人がそれに向かって努力できるような、包含的な目標が必要である。個人主義が高まりつつある時代には、大多数の人々が関与できるような未来のビジョン、人々を結び付けるようなビジョンを、社会は必要としているのだ。

そして、今日の政治システムである民主主義には、特にビジョンが必要である。ユートピアのビジョンでもよい。民主主義がうまく機能するためには、よりよい社会への道、すなわち、偏狭な私利私欲を超越するものは何かについて、ビジョンを示す必要が出てくる。

市場は公共の利益には関心がないし、平等にも全く配慮を示さない。むしろ、近年アメリカにおいて、そして地球規模でその傾向がみられるように、社会における不平等は拡大するばかりだ。富裕層と貧困層の所得のギャップは広がりつつあり、国際的摩擦だけでなく、内部的摩擦を引き起こすような潜在的状況をも生み出している。貧富の差にかかわらず一人一票という、民主主義の権力平等の信念と、市場がますます拡大させている不平等との間の亀裂は、技術的な方法では克服できない。

今日の政治システムと経済システム間の摩擦の解決法は、十分に魅力的でよりよい経済を築くために人々が犠牲を払いたいと思い、また、個人の偏狭な私利私欲など忘れてしまうような、共通の目標にのみ見い出すことができるだろう。社会のための何らかの包含的なビジョンを見つけること。そのビジョンは、他人に強制されるものではなく、自ら喜んで参加するようなものであること。そしてそれ自体、多大な実験と探検を必要とする課題である。

新たなる日本のビジョン

太平洋戦争に至る数年間、日本はそれまでで最も大規模な「探検」を企てた。アジアにおける大日本帝国の建設を目指して、地理的フロンティアを拡大したのだ。第二次世界大戦の終結とともに、この侵略的な軍事探検は、突如として終わった。それ以来、五十年以上もの間、日本人は探検家である必要も、グローバルなビジョンをもつ必要も全くなかった。というより、実は、世界中の国々、特にアジアは、むしろ日本にグローバルなビジョンをもってほしくなかったのだ。目標、すなわち経済ゲームのルールは、日本以外の国々と、中でもアメリカの方針に沿って計画された。日本はただ、これらのルールに従っていればよかったのである。

アメリカはすでにグローバルなビジョンをもっていた。日本は西洋に追いつくという、ローカルなビジョンでしかなかった。しかし、それ自体は強力なビジョンであり、日本人全体を動員して、歴史上最も目覚ましい経済舞台への復帰を成し遂げるほどのものであった。

この地域的ビジョンを達成するための方法は単純であり、よく知られているように、見て、まねて、改善することである。しばしば日本人は、独自の画期的技術を発明するのではなく、アメリカの基礎的発明を無断で利用して、それを改善する、単なる模倣者にすぎないと批判されてきた。しかし歴史を見れば、これは別に本質的に悪いことでもないし、異常なことでもない。アメリカも一九世紀には、基本的にほとんど同じことをしていたではないか。アメリカ人はイギリスをまね、イギリスから学ぶことによって、アメリカ経済を築いたのだから。

しかし二一世紀が始まろうとしている今日、世界の外観は一変した。共産主義は消滅し、日本は世界のトップレベルに追いついた。今や日本の国民所得は、アメリカの八五パーセントまで達し、日本は世界第二の経済大国となり、近い将来、中国はもちろんのこと、他の国々が日本に取って代わるようなことはないだろう。今、日本が自らに問い、また世界に問われていることは、日本が国際コミュニティのなかで、どんな役割を果たしたいのか、ということである。

いよいよ日本は、そのローカルなビジョンを捨て、新しいものに取り替える必要に迫られている。日本は未来に向けたビジョンを決定しなければならない。そしてこれは大変過酷な課題である。他人が決めた目標やガイドラインに従うのではなく、自分自身の目標を立て、そのゲームのルールの策定に参加することは、真の探検ではあるが、残念ながら、日本の最も弱い分野であるからだ。

日本は世界の知的リーダーになれるか

まず、ビジネスにおける日本のビジョンについて見てみよう。日本は、世界の技術リーダーとしての知的ビジョンをもっているだろうか。日本は、ブレイクスルー技術（追っかけ的革新ではなく基礎的発明）をもっと手がけたいと考えているだろうか。

私は、日本にとっての試練のひとつは、新しいブレイクスルー技術を開発できるかどうかだと思っている。二一世紀の経済環境においては、単に従来のルールに従うだけでは、もう競争力の維持は望めない。自分自身でルールを規定しなければならないのだ。

過去十年間のコンピュータ、マイクロプロセッサー、インターネット産業、あるいはバイオテクノロジーにおける発展を見ると、日本はそれらのどの分野でもリードはしていない。たとえばバイオテクノロジーは、ほとんどアメリカの独占状態である。この産業はアメリカで発明されてから長い間、アメリカ以外ではこの分野の博士号を取得することすらできなかった。もし、日本が将来、真の技術的リーダーシップをとりたいと思うなら、そのようなリーダー的立場が促進される環境を作るにはどうすればよいのか、真剣に考えなければならない。

そのときネックになるのは、今日社会に存在する、あまりにも多くの制約である。その中には政治的、経済的な性格のものもあれば、文化的、あるいは社会的なものもある。

たとえば、技術的ブレイクスルーの促進に役立つ独創的なビジネスプロジェクトを始めるためのベンチャーキャピタルが、どこにあるだろうか。あまりにも多すぎ、あまりにも綿密すぎる規制が、必要とされる起業家的活動を抑制してしまう。新しい会社を始めさせ、そして第二に、これらの新しい会社を大きくさせるためには、まず適切なルールと規制が必要である。

わかりやすい例がイタリアである。北イタリアでは、良質の小さな会社が数多く活躍しているが、それらはひとつとして大企業にはならないだろう。イタリアでインテル社やマイクロソフト社やヒューレット・パッカード社のようになると思われる会社はひとつもない。その理由は明らかで、イタリアには一連の官僚的規制があり、そのため大きくなるのが不可能なのだ。そして、それと同じようなことが日本にも当てはまるのである。

社会学的要因と文化的要因は、同じぐらい重要である。新しい基礎技術の発明を促進するためには、新しい教育システムが必要だろう。さらに、ブレイクスルー思考やリスクを負うことに尻込みすることのない文化も必要だろう。

世界で最も金持ちの男、ビル・ゲイツについて考えて見よう。彼は実はハーバード大学の中退者であり、日本的に言えば全くの落ちこぼれだった。大学を修了する根性すらなかったのだ。しかし今や彼は、世界の偉大なビジネスヒーローのひとりとして、ほとんど偶像化されているほどである。もし彼が日本人で、東京大学を中退したとしたらどうだろう。そのような学歴で、成功する可能性がどれくらいあったのだろうか。日本では履歴書に「大学中退」と書いた瞬間に、疑惑の目で見られてしまうのだ。

あるいは、日本で自分の始めた会社が破綻した場合に経験する、恥や面目についてはどうだろう。もしあなたが自分の最初の会社を倒産させたら、ほとんど失敗した人間として烙印を押され、かなり長い間打ちのめされることになる。そして銀行も、将来のビジネスパートナーも、失敗した人間とは取り引きしたがらないだろう。

それとは対照的に、もしあなたがルート128、つまりアメリカのシリコンバレーにいるならば、会社を興して失敗することはいいこととみなされる。かえって別の仕事を探しやすくなるのだ。人は、「彼はエネルギッシュな人で、働き者なのだ。それに新しく興された会社十社のうち八社は破綻するのだから、必ずしも経営者が無能だというわけではない」と言うだろう。

平均して、アメリカの新ビジネスのリーダーは、成功するまでに二回失敗する。「三度目の正直」のようにも思えるし、あるいは、三回経験すると正しい判断ができるようになるのかもしれない。歴史上最も偉大な実業家のうち、最初で成功した人はほとんどいない。たとえばあのヘンリー・フォードでも、三回トライしてやっと成功したのだ。

失敗に対してポジティブな考え方をしたほうが、新しいことを始めるリスクはずっと少ない。そして勇気をもってリスク――計算されたものかもしれないが、しかしリスクはリスクである――を冒すことは、ブレイクスルー技術創造のための基礎的必須条件である。したがって、もしこれが日本が育みたいと望むビジョン、言いかえれば日本が探検したいと望む海域であるのなら、まず、教育システムと基本的な社会学的諸要因を変える必要があるだろう。

ブレイクスルー技術の創造におけるもうひとつの基本的問題は、大きな企業が自らを作り変える、あるいは自らをつぶす能力である。全く新しいブレイクスルー技術について語るとき、自らを作り変えることができた大企業は、歴史上ほとんどない。

たとえば、アメリカにおける真空管の五大メーカーのうち、真空管に取って代わるようになったトランジスターや半導体チップを製造したことのある企業はひとつもないのである。なぜなら、もし、こういった新技術を初期の段階で採用したら、自分の会社の真空管部門が必然的に破壊されてしまうからである。そして、だれもそんなことはしたくなかったのだ。また、バイオテクノロジーについて考えてみれば、この分野におけるブレイクスルー技術は、製薬業界の大企業から生まれてはいない。

利用が増大している電子商取引についても、この例がいくつかみられる。電子小売業、つまりインターネットによるショッピングは、ほとんどの場合、店に行くより安価で便利である。そして、電子小売業が未来の主要トレンドになることは確実だろう。しかし、主要小売業者にとっては、今、この新しい進展に適応し、彼らの戦略に組み込んでいくことは非常に難しいのである。

主要小売業者として世界的に有名なウォールマート社が、そのよい例である。この会社は、最近インターネット上に電子ストアを開設したが、彼らは注意深く、すべての商品の価格を店頭での価格よりわずかに高くした。ウォールマート社はこう考えたのだ。インターネット上の価格の方が安かったら、本当の店に行かなくなるか、店頭で価格をチェックしてからインターネットで買ってしまうだろうと。実際ウォールマート社は、在来型の店や人員や流通システムなどに、あまりにも多くの資金を投資してきたため、会社自身をつぶして真剣に電子小売業にかかわることは、そう簡単にできることではないのである。今日ウォールマート社が、アメリカの主要小売業者のひとつであるにもかかわらず、今から三十年後にはアメリカ最大の小売業者ではなくなっていると、私はかなりの確信をもって予想できると思う。この会社には、在来型の小売業のほとんどを不要にしてまで、会社の根本をゆるがす新しい技術をリードすることなど、とてもできないのだ。

このように、大企業に技術の開発を頼っている場合に起こる問題は、彼らは自分たち自身を作り変えることができないということである。彼らは新しいブレイクスルー技術の成熟のために、進んで自らをつぶそうとはしないものなのだ。そして、日本の技術変革は、大企業に非常に大きく依存しているため、このことが日本にとってハンディキャップになるかもしれない。

もし日本が二一世紀における技術的リーダーシップ、あるいは私がもっと広義的に呼ぶ、知的リーダーシップを促進したいのなら、日本には社会学、制度、そして教育の点で、新しい環境が必要になる。たとえば日本には、不動産ではなく、アイデアに基づいてお金を貸す銀行システムが必要である。そして、本当に創造性を促進する教育システムが必要である。

それらはみなとり組むべき重要な問題であり、偉大な変化の時代には偉大な探検が求められる。もちろん、一夜にして完成できるプロジェクトではないが、実行する方法はいくらでもある。とりかかってしまえば、おそらく二十年ぐらいの期間で環境を変えることができるだろう。しかし、今始めなければならない。かつて毛沢東首席が言ったように、「千里の道も一歩から」だ。

今の日本は大恐慌前夜か

日本の政治家は、国内の経済問題にすら対処できていないのではないだろうか。日本経済は、戦後最長の景気後退から脱却できずにおり、すべての政治的措置はほとんど効果を生み出してはいない。公定歩合は最低限のレベルまで引き下げられているが、それでも新たな投資をあまり刺激しているとは言えない。大蔵省の役人たちも途方に暮れているように見える。一九九〇年代の新たな世界経済において、古いルールや措置はもはや通用しないのである。

現代の日本の状況は、一九三〇年代のアメリカの大恐慌に類似したところがあるようだ。大きな金融崩壊を経験すると、ケインズのいう「流動資金の渋り」が、投資を強く抑制する。金融市場が崩壊すると、一定の物価下落と全般的なデフレの期間がやってくる。物価は下落し、住宅価格も下落する。そしてこのような状況でとるべき最善の措置は、自分のお金を手放さないでいることなのだ。

デフレの世界は、インフレの世界とは根本的に違う。価格が年々下落していく場合、最も賢明なのは待つことである。来年はもっと安くなるのに、今、東京にビルを買う理由があるだろうか。金利を下げても、人々が大金を使うようになるわけではない。デフレ傾向のある世界における基本的な戦略は、「待って成り行きを見る」ことである。ビジネスで流通しているべき資本が、この流動資金の渋りに陥ってしまうのだ。

アメリカ、そして世界全体が大恐慌から抜け出せたのは、第二次世界大戦が勃発したからである。それまでアメリカ政府は、人々を危機から立ち直らせるほどの思いきった措置を何ら施すことはできなかった。鳴りもの入りの「ニューディール」にもかかわらず、ルーズベルト大統領がしたことはすべて、あまりにも少なく遅すぎた。アメリカが第二次世界大戦に参戦するまで、産業が再び活性化し、雇用が恐慌以前のレベルに戻ることはなかった。もちろん、戦争が起こらなくても、いつかはこの恐慌から脱出することはできただろうが、もっと長い時間がかかったに違いない。

しかし、今日、日本には経済を刺激するような世界戦争はないし、おそらく、その他いかなる軍事対決も好まないだろう。すると問題は、明らかな切迫した危機なしに、どうやって根本的な変化を起こさせるのか、ということになる。どうやって世論を動かして、その経済に必要な抜本的変化を支持させるのか。民主主義においては、有権者の五一パーセントが過半数を構成するというのは、理論的には真実である。しかし実際は、何か強い措置をとるには、人口の七〇パーセント、あるいは八〇パーセントを説得する必要がある。さもないと、改革の試みはほとんど失敗する運命にあるのだ。

日本における金融システムの規制緩和計画を見てほしい。一九九七年に計画された、いわゆるビッグバンは、一九九八年四月に始まり、二〇〇一年三月に完了する予定である。もしこれが正しいことだと思うなら、もし必要な政治的影響力をもっているのなら、なぜ二〇〇一年まで待つのか。イギリスを含め、他の国はみな「ビッグバン」を一年で行ってしまった。なぜ日本では四年も必要なのだろうか。世界中のオブザーバーたちは、日本のビッグバンについて非常に懐疑的である。本当にそれが成し遂げられるのを見るまでは、国際コミュニティの人々のほとんどは、日本政府の約束を信じないだろう。

いわゆるNTTの「民営化」を見てみても、政府がしたことは、株式のたった一五パーセントを売却しただけである。そして残りは手放さなかった。これでは民営化のモデルケースとは言い難い。そのため、今や世界は、日本の規制緩和の約束を信じるべきかどうかわからないのである。もし、日本の政治家が世界経済において尊敬されたいと望むなら、経済に対する影響力が本当にあることを示す必要がある。

しかし、たとえ規制緩和や金融ビッグバンなどの計画が、二〇〇一年に完了するとしても、日本経済が不況から立ち直るという保証はない。日本が直面している問題は、それよりずっと根本的なものである。したがって新たな、本質的に異なる戦略を探究する必要がある。日本はその経済全体を、管理された資本市場から自由な資本市場へシフトさせなければならない。世界経済において起きている根本的な変化を理解し、しかるべく行動しなければならないのだ。

本当の問題は、何をするかを知ることではない。多くの人々はすでに理論的なレベルでわかっているだろう。問題は、そうする政治的決断力をもっているかどうか、ということである。古いシステムの枠の中で仕事をするのは、非常に魅惑的なことであり、とても安心なものだ。ほんの少しだけ輸出を拡大しよう、国内需要を増大させてみよう、金利を引き下げよう、などなど。

しかし、私が本書の各章で論じるように、世界の根本的な諸要素が変化したことを本当に信じるなら、古いシステムを少しばかり強く押してみても効果はない。輸出を何パーセント伸ばしても役に立たない。それでは他の国々を怒らせ、望んでいたような結果を全く生み出さないで困惑するだけである。日本は一九九七年に貿易収支の黒字が再び上昇したが、それは日本の根本的問題の解決には全くつながらなかった。したがって、思いきって新しい思考方法と行動様式に踏み出す必要があるだろう。人を引きつけるビジョンが必要なのだ。経済にせよ政治にせよ、まさに探検の時代がやってきたのである。

日本人は何を目指し、どこへ向かうのか

もうひとつの問題は、将来の世界における日本の政治的ビジョンである。世界第二位の経済大国へと成長しながら、国際的な政治の舞台で、日本はまだ子供である。

今、日本は、国連安全保障理事会の常任理事国入りを果たしたいと考えている。日本の経済的な影響力を考慮すれば当然かもしれない。しかし、私が日本の友人たちに、常任理事国に入ったら、日本に何をしてもらいたいかと尋ねると、だれも答えることはできない。日本がその地位を得たら何をしたいか、だれも私に話すことができないのだ。そして、他の国の人々の気持ちもこのようなものかもしれない。「日本が何をしたいのかわからないなら、われわれが（日本の要望について）関心を寄せる理由はない」

経済力と政治力は、必ずしも関連しているとはかぎらない。日本は、国際政治の分野でも新しい領域を探検しなければならないだろう。

裕福な工業国に追いつくという過去の日本のビジョンは、もはや適切ではない。今日の日本にはもっと多くのことが求められている。これからの五十年間に、日本にとって必要と思われるビジョンは、二つの部分からなるといえよう。第一は、世界がどうなってほしいか、そしてその世界の形成に、どのような形で参加するつもりか、ということ。そして第二は、その世界の中で、日本にはどのような国になりたいか、ということ。それは日本人が自ら決定しなければならないことである。

たとえばドイツのように、多くの余暇時間をもつ国になりたいとか、スカンジナビアのように、社会福祉レベルの高い国になりたいとか、あるいは、世界中の政治的問題に真剣にかかわる世界の政治リーダー国になりたいとか。

もし、世界の政治リーダーになりたいのなら、世界中の出来事に関心をもたなければならない。どこか遠くの、たとえばアフリカの国で起こっている政治問題にさえも。しかし私の印象では、日本の政治家は、そしておそらく日本人の大部分は、アフリカで起こった虐殺やクーデターなどに全く関心をもっていないだろう。

数年前、日本のプレスの内容を分析したところ、世界のほとんどの国について、それを伝える記事が、ごくわずかしかないことが判明した。日本と競合する少数の工業国を除いては、日本のメディアには、グローバルな情報がほとんどなかったのだ。アメリカについては数多くの、ヨーロッパについては幾つかのニュースが取りあげられているが、アフリカやラテンアメリカについては情報がなく、これでは、地球の地図が広範囲にわたって消えているようなものだ。プレスも関心がないし、指導者たちも関心がない。そして、国民も関心がない。それなのに、なぜ安全保障理事会に入りたいのだろうか。名誉を追っているだけなのだろうか。

今日世界がどうあるべきかについての日本のビジョンがない。今まで日本は、規定されたゲームをするのはとても上手だった。しかし、そのゲームを規定する上では、些細な役割しか果たしてこなかった。しかし、いつまでも他人にゲームのルールを決めさせるのでは、そのゲームに負ける可能性が高い。

他の国の人間が日本にビジョンを押しつけることはできない。世界がどうあるべきか、自分たちはその世界の中でどうありたいのか。新しいビジョンは、日本人自身が探究しなければならないのだ。

ここ数十年の間に世界は根本的な変化を遂げたため、この未来地図の大部分は、一五世紀の探検家たちの地図上の未知の国のようなものだ。この知られざる領域の地図を作ること自体、大変な労力の要る仕事だが、やりがいのあるプロセスでもある。遙か遠くの目標へ向かっての旅こそが、個人であれ、国であれ、それを発展させ、成長させるのだ。重要なのは、自分たちが到達しようとしている目標の特質を正確に知っているかどうかではない。本当の問題は、旅を始めるために必要な、勇気、冒険精神をもっているかどうかなのだ！

第二章　旧世界の地図を探る

——資本主義とは何だったのか——

まず最初に、一九世紀と二〇世紀の資本主義によって作られた経済環境を探検してみよう。間もなく終わりを迎える今世紀をふり返ってみると、資本主義は明らかに、社会、および経済の発展の唯一のとはいわないまでも、主要原動力のひとつであった。今世紀のみならず、むしろ過去二百年の間そうだったといえる。そしてこの強力な原動力をある程度理解しなければ、未来のためのたしかな海図を作ることはもとより、今日の世界でわれわれが遭遇する現象を正確に解釈することはできないだろう。

産業資本主義の誕生

一九世紀から二〇世紀にかけての資本主義は、産業社会と密接に結びついていた。産業資本主義誕生の日を正確に指摘するのは難しいが、その最も偉大な技術的先駆けと思想的先駆けは、簡単に識別することができる。蒸気機関とアダム・スミスの思想である。そして、資本主義が経済、および社会システムとして離陸した場所は、一八世紀末のイギリスであることも確実にわかっている。

一八〇一年のフランスにおける蒸気機関の発明がなければ、資本主義は誕生しなかったであろう。しかし、興味深いことに、蒸気機関を利用して産業革命を始めることができたのは、それを発明したフランス人ではなく、一九世紀初期にそれを完成させたイギリス人であった。蒸気機関がなければ、そしてそれに続く工業化過程や輸送に使われた関連技術の開発がなければ、資本家が事業を築くための基盤は存在しなかっただろう。資本家は、生産性を生み出すものを所有していなければならない。蒸気機関が生まれる前は、それは土地、動物、そしてある意味で臣民の所有であり、それはもちろん、封建主義というシステムであった。

蒸気機関が生まれると、産業資本家にとって所有するものができた。それに装置をとりつけ、労働者を雇い、工場を経営することができた。産業社会の出現によって、物質的地位、あるいは社会的地位を規定するのは、もはや土地だけではなくなった。資本家は工業生産の手段である、機械や技術を所有することができるようになったのだ。封建社会における主な対立は、土地所有者と農民の対立だったが、資本主義においては、社会組織における決定的要因となった資本家である工場所有者と労働者の対立、あるいは関係であった。

アダム・スミスは、しばしば経済学の父と呼ばれるが、同時に資本主義の予測者とも呼ばれている。一七七六年の有名な著書、『国富論』の中で、彼は資本について、そして労働者と工場所有者との関係について、詳細に語っている。そして彼は、市場経済の調節メカニズムについて最初に説明した人々のなかのひとりである。彼はそれを「見えざる手」と呼ぶ。アダム・スミスは、資本主義をイデオロギーとして固めるのに大きく貢献したと言っても過言ではない。

産業革命、そしてそれにともなう産業資本主義が、なぜイギリスで始まったのかをめぐって、今日に至るまで、歴史書で多くの議論がなされてきた。産業革命の燃料として、必要なものが幾つかあったことはわかっている。そのうち最も重要な要因は、豊かな石炭資源である。蒸気機関をベースにした工場を経営するには、膨大な量の石炭が必要だった。そして、当時は石炭を長距離移動させることが非常に困難だったので、開発可能な炭鉱をもつ国のみが経済をリードできたのである。

たとえば日本にはこの重要な資源が欠けており、産業革命をリードすることができなかった。しかし、石炭がたくさんあったのはイギリスだけではない。ドイツにも、少なくともイギリスと同じぐらいの石炭があった。しかし、なぜドイツではなくイギリスで産業革命が始まったかについては明らかにされておらず、歴史家はおそらくこれからも、これについて議論を続けるだろう。

しかし、ここで重要な点は、いつどこで資本主義が生まれたか、ということではない。忘れてならないのは、資本主義は産業社会に不可欠な要因であって、切り離せないものだったということだ。そしてさらに、資本主義においては、だれかが、つまり資本家が、貨幣、機械、不動産という形で資本を所有していなければならない、ということである。

産業化によって可能になった新しい社会組織と生産システムが、急速に発展し普及した。そして資本主義はイデオロギーとして徐々に具体化していった。それはある主義、すなわち封建主義に対抗するイデオロギーだった。資本主義は当然、封建主義に対する脅威とみなされた。そしてイギリスでも、土地所有者は新興の産業成金に対して大変懐疑的だった。イギリスが特殊だったのは、新興の産業成金たちがみな貴族の称号を得て、消え行く封建時代に属する貴族社会の一員になりたがったことだ。しかし、封建主義を破滅させ、その過程で社会構造全体を作りかえてしまったのは、疑いなく資本主義である。

蒸気機関の発明と『国富論』の二、三十年後には、資本主義が社会にもたらした変化に対する反応として、これに競合する主義が出現した。まず最初に、マルクス主義、あるいは社会主義である。カール・マルクスは彼の偉大な著書、『資本論』の中で、資本主義における本質的な不平等について説き、広がり続ける資本家と労働者、富者と貧者の間のギャップは、ついには社会不安、そして究極的にはプロレタリアートの革命を引き起こすだろうという、説得力のある議論を展開した。

マルクス主義に始まり、次の百年余りの間に、世界には資本主義に競合する主義が幾つか生まれた。そのうち最も有名なものは、社会主義、共産主義、ファシズムである。これらの政治経済システムは、それぞれ世界で支配的地位を獲得しようと試みたが、ひとつも成功しなかった。結局資本主義のみが生き残り、今日ますます強力になったようにさえ見える。

興味深いのは、過去二百年間、だれも体制をうまく機能させる別の方法を見つけていないことだ。共産主義もだめ、ファシズムもだめ、有名なスカンジナビアの「第三の道」ですら効率的に機能していない。それらの社会経済体制のどこが間違っていたのだろうか。なぜそれらは時の試練に耐えられなかったのだろうか。

二〇世紀の「主義戦争」に勝利者はあったのか

様々な経済や政治システムが、人間の精神の異なる要素を利用しようと試みてきた。このことは、二〇世紀に競合するイデオロギーが衝突したことからも明らかである。

共産主義は、一種の利他主義を利用しようと試みた。人々は共同体で基本的に同じ賃金で働き、個人的野心や個人的自由は、全体の利益のために放棄されることになっている。ファシズム、あるいはヒトラー支配下のドイツで国家社会主義と呼ばれていたものは、民族的憎悪を利用しようとした。ファシズムは民族国家、特に民族的に同質の民族国家を大いに強調した。ファシスト指導者たちの目標である民族的純一性を達成するためには、劣るとされる民族を大量に殺しさえした。

しかし、歴史が証明しているように、利他主義を利用することも、民族的憎悪を利用することもうまくいかなかった。ファシズムは、他の民族グループに対して宣戦布告し、敗北することにより外側から打破された。世界は、ファシストによって宣伝されたような民族浄化を許さなかったのである。そして今日の世界は、ファシズムや独裁制に対してさらに不寛容になっている。旧ユーゴスラビアで起こったような小規模の民族紛争を除き、このような形態の支配が再び現れる可能性はありそうにない。民族憎悪は消えてはいないが、将来において国家経済がこの哲学の上に築かれる可能性は非常に少ないといえる。

ファシズムが爆発したのに対して、共産主義は自ら崩壊した。内側から敗北したのだ。ソビエト帝国を衰亡に至らしめたのは、内紛と幻滅だった。

社会主義が崩壊したのは、それが人間を変えることができなかったからだ。初期の社会主義者は、人々に正しい経験をさせ、正しい教育を受けさせれば、異なるよりよい人間ができると信じていた。しかし、決してそんなことはできなかった。

ひとつの興味深い疑問は、資本主義は共産主義の敗北を助けたかどうかである。これもまた、歴史家が長い間議論することになるかもしれない問題である。たとえばソビエト連邦は、平均的な市民が世界を見回し、「ああ何ということだ、私たちは資本主義者ほど豊かじゃないぞ」と思ったから崩壊したのだろうか。あるいは共産主義が、擬宗教のようになってこの世の楽園を約束するという、根本的な間違いを犯したから崩壊したのだろうか。

カトリック教会でさえ、この世の楽園を約束したら大変なことになるだろう。キリスト教の最も素晴しいところは、楽園を約束してはいるが、それは死ぬまでお預けなので、だれもそれを確認できないことだ。

しかし共産主義は、ユートピア、つまり基本的にはこの世の楽園を約束した。そしてそんな約束をしてしまったら、遅かれ早かれ約束を果たさなければならなくなる。共産主義の破綻は、約束されたことと人々が経験したことの間のギャップが徐々に大きくなり、ついには無視できなくなってきたところから始まった。

まず一九二〇年代、三〇年代には、共産主義は古いロシアの封建主義の後に築かれたばかりなので、すぐにはユートピアが実現できないことを人々は認めた。一九四〇年代には、彼らはファシズムと戦っており、一九五〇年代には、戦争とファシズムとの衝突の後、国を再建していた。しかし、一九六〇年代、七〇年代になり、ユートピアがまだ実現されていないとなると、当然みな、このシステムに対する信頼を失い始めた。約束されていたのは貪欲ではなく、利他主義によって動機づけられた新しい人間であり、よりよい社会を作るということのはずだった。しかし、それを実現するにはあまりにも現実は異なっていた。

したがって、資本主義が共産主義を打ち負かしたというより、共産主義が自ら墓穴を掘ってしまったといえる。過激な理論は、約束を果たさなかったゆえに起こった過激な結果に苦しまなければならなかった。

そして、一九九〇年代の初めには、資本主義が「主義戦争」の明らかな勝利者として残ったのだ。

資本主義――四つの顔

貪欲

利他主義も民族憎悪も、活気ある持続可能な経済システムの基盤とはなりえなかった。唯一成功したのは、貪欲を利用することだった。そして、それこそが資本主義の本質なのだ。それをアダム・スミスが言うように、「自己の利益」(self interest) と呼びたいかもしれないが、何も体裁を繕う必要はない。資本主義を動かしている最も基本的な原則は、人間の貪欲なのだ。

辞書で「資本主義」という言葉を引くと、「私的所有と利益への動機に基づく経済システム」などといった記述が見つかるかもしれない。しかし、これも要するに貪欲ということである。もっと所有したい、もっと利益をあげたい。自分が一番。自分の身は自分で守り、人は人で自分の身を守ればよい。それが資本主義の基本的姿勢である。そしてそれは、長期間にわたってうまく機能してきた、唯一の原則なのである。

他のシステムはことごとく、人は高潔であり、あるいはそのように変えられる存在であると想定している。しかし、資本主義の強さは、人々は利己的で貪欲だということを認め、さらにシステムがそういった特性を、「よいこと」をするために利用していることである。貪欲はしばしば手に負えなくなり、悪いことも引き起こす。たとえば弱く貧しい人々には厳しいかもしれない。しかし、それは消えることのない人間の精神の一部であり、貪欲がいつも存在することはたしかだ。

資本主義は、不平等な結果を肯定する。経済的適者は、不適者を絶滅させるだろうし、より競争力のある企業や個人は、競争力の劣る企業や個人を廃業や失業に追い込むだろうと考える。

資本主義では、経済的利益は受け継がれ、世代から世代へ蓄積することができる。経済競争のスタートはすべての人にとって公平ではない。そして、もっと不公平が広がる可能性さえある。強者はさらに強くなり、富者はさらに豊かになる。思いのままにさせておけば、資本主義では、権力と所得の不平等がますます広がっていくのだ。

この根本的な不平等への傾向が、カール・マルクスをして革命が不可避であろうと信じせしめたのである。資本主義ゲームにおける、増える一方の経済的落伍者のグループ、すなわち正統な政治的経済的権力を奪われた人々が、減る一方の勝利者のグループと対決するだろうと。

では、なぜマルクスによる社会発展の分析は実現しなかったのだろうか。貪欲が資本主義の主要な特質であるならば、そしてこのシステムが、不平等と、すでに富と権力をもつ人々による支配をもたらすならば、なぜマルクスがルンペン・プロレタリアートと呼ぶ人々は反乱を起こさなかったのだろうか。その答えは、人々がある一連の制度を発明して、資本主義に情深い様相を与えたところにある。

それにはまず、一般的には社会福祉国家として知られているが、より適切には、社会投資国家と呼ぶべきものがあげられる。社会福祉国家の方は、資本主義にとってもはや必要でなくなった人々、つまり老人、病人、失業者などに、国が所得を与えるのである。だれも彼らを雇ってくれず、食べていくだけのお金を稼げないからといって、飢えて死ぬことはない。したがって、「社会福祉」という考えは、無制限の貪欲を束縛する要因として作用した。最も熱心な資本主義国においても、この制度により多くの所得の再分配が起こっている。

しかし、過度の貪欲による自己破壊から資本主義を救ったのは、社会福祉だけではない。資本主義を本当に救ったのは、教育への公共投資である。社会投資国家は、貧しくて教育費を払えない人々の教育コストを支払う。さらに重要なのは、最低限レベルの教育を義務化していることである。だれもが効果的に、最低限の技能と最低限の資本主義的稼得能力を得ることが要求されているのだ。こうして社会投資国家は、資本主義の競争に、純粋なる貪欲に基づく資本主義の原則のみが適用された場合よりも、ずっと平等になるように資金を使うことになった。

社会福祉、および教育への投資は、少なくとも二〇世紀後半までは、工業国における貧富の差を、大きな社会的動乱や革命を引き起こすようなレベル以下に抑えておくのに役立ったわけである。

個人主義

資本主義のもうひとつの特質は、極端な個人主義の肯定である。そして共同体の肯定は、あるとしても非常に少ない。しかし実際のところ、すべての人は個人として貪欲なのだ。そして、資本主義の目的は、産業資本家の観点から見れば、法律の規定内で可能な限り彼自身の賃金を上げ、労働者たちの賃金を下げることである。これは収益を最大限にするからであり、それがすべての資本主義的事業の最重要目標であるわけだ。

資本家が慈善行為をすること、つまり共同体に貢献したり慈善プロジェクトにお金を使ったりすることは、もちろん歓迎はされるが、慈善的であるべきだという道徳上の義務が、資本主義の中に組み込まれているわけではない。責任は個人にあるのであって、共同体や集団にあるのではないのだ。

これは、日本の資本主義が、西洋式の資本主義と多少異なるところである。日本の資本主義において、集団主義、つまり共同体であるという思想は、非常に大きな役割を果たしてきた。また企業にも、会社のトップの資本主義的独裁者にすべての意思決定をさせるべきではない、という考え方がある。意思決定は下から上へなされ、コンセンサスに基づかなければならない。今日の日本の会社は、より個人的な意思決定を導入しつつあると主張しているが、アメリカの会社に比べればまだまだである。ところが、コンセンサスに基づく意思決定は、グローバルな経済環境では機能しにくいのが実情である。そこでは、その反対、個人主義的傾向が一般的なトレンドだからだ。

極端な個人主義が共同体を消滅させた、ということがよくいわれる。それが最も顕著なのがアメリカであるが、世界の至るところでも起こっている。逆説的だが、この共同体の崩壊は、共産主義の崩壊によって加速された。共産主義は、資本主義との戦争に勝利しなかったが、今や共産主義の消滅によって、アメリカ国内の、またアメリカとその同盟国との間の連帯感が減退しているのかもしれない。

かつて共同体を作り維持する要因のひとつは、共通の外敵をもつことであった。共同体が「侵略されるかもしれない」という外からの脅威にさらされると、そこには非常に強い結束が築かれる。アメリカの共同体は、共産主義を撃退しようとすることでかなりまとまっていたのだ。しかし、今やこの外からの脅威は消えてしまった。そして、脅威が消え去ると、強い共同体意識も薄らいできた。

さらに、電子メディアの爆発的な発展も、個人主義を強め、共同体を弱める働きをした。古き良き時代には、人は映画を観るためには、人々の集まる映画館へ行かなければならなかった。しかし、今はもうそんなことをする必要はない。ビデオでその映画を観ることもできるし、インターネットからダウンロードすることさえできる。

ショッピングはひとつの社交的な活動であるが、それも今、大きな転換の過程にある。すでに多くの取引が、インターネットやカタログショッピングによって行われているが、将来ショッピングセンターへ行く必要は、ますます減るだろう。

あるいは、スポーツについてはどうだろう。今日では、個人でスポーツをする傾向が強い。ボーリングを例にとると、アメリカでは、ボーリング人口はますます増えているが、ボーリング・リーグでボーリングをする人は、だんだん減っている。

政党を見てみても、党員が減っている。理由は色々あるが、そのひとつは、有権者の間に個人主義が高まっているためだと考えられる。

われわれはみな、好むと好まざるとにかかわらず、より個人主義的になりつつあり、このことは必然的に集団、すなわち共同体に影響を与えている。今日、慈善活動、つまり共同体のためになる非利己的な活動に進んで時間を費やす人々の数は、以前より少ない。共同体とは何を意味するかというと、必要とあらば、自分自身の幸福の一部を犠牲にしてでも他人を助ける、つまり共同体をサポートするということだ。そして問題は、今、この精神が昔より高まっているか低くなっているか、ということである。私は、産業化社会のほとんどで低くなっていると思う。

アメリカの世論調査では、今や個人の満足の優先度が家族より上にランクされている。競争的個人主義は、家族や共同体の連帯を犠牲にして発達するものだ。今日の理想は、「結束」ではなく、「選択」である。このことは、未来の社会の形態について、多くの根本的な問題を提議しているが、この問題に対する適切な答えはまだ見つかっていない。

生産性

読者のみなさんは、そろそろ「資本主義には、ポジティブな面が何もないのか」と疑問に思っていることだろう。「それでも資本主義は生き残り、ありとあらゆる技術的驚異と目をみはる経済成長を生み出してきたではないか」と。

事実、資本主義は興味深いことに、ポジティブとは言いにくい貪欲と個人主義を利用して、多大な利益を生み出すことができるのだ。これまで資本主義は、高いレベルの生産性を維持できる唯一の経済システムとして生き残ってきた。そして、世界中の人々が、産業資本主義によって生み出された高いレベルの生産性の恩恵を大いに受けてきたことは疑いない。たしかに世界は、一九五〇年以来、二倍以上に膨れ上った人口を養うために、何よりも高い生産性を必要としていたと言えよう。

歴史的に、生産性の伸びというのは、注視すべき経済統計の中心的存在だった。資本主義では、長期に、また、これまでほとんど間断なく、生産性が伸び続けている。すなわち、投入、あるいは労働時間一単位あたりの産出が多くなっているということである。生産性が上昇すると、実質賃金もだいたいそれに比例して自動的に上昇する。これが基本的な資本主義の原則で、資本家と労働者双方を満足させるものであり、前者は投資すればするほど儲かったし、後者は働けば働くほど給金がもらえた。

しかし、一九九〇年代のアメリカでは、この生産性と賃金のつながりが断ち切られてしまった。一九九〇年代の最初の六年間に、生産性は七パーセント上昇したが、実質賃金の中央値は三パーセント下がり、賃金が中央値以下の人々については、さらに大きく下がった。これはまさに、資本主義の本質の革命的変化といえる。アメリカの歴史をとおしてずっと、国民の下から三分の二に位置する者の賃金は、上位三分の一のそれと足並みをそろえて伸びてきた。しかし、過去二五年間、最上位三分の一の賃金と最下位三分の一の賃金のギャップは広がる一方である。

この賃金の下落にはいくつかの原因がある。ひとつは、サービス経済への移行である。それは、生産性を正確に測定するのがたいへん難しい。実質賃金の減少をもたらしたもうひとつの要因は、ハイテクグローバル経済の到来である。このシフトについては次の章でさらに詳しく述べるが、ここでは、今日多くの場合、高賃金の労働者は、その存在を技術によって代替、または発展途上国の低賃金労働者と交替させることができる、と言うにとどめておこう。これは当然、賃金を抑圧することにつながる。

その上、適切な技能をもち、なおかつ少ない賃金で働くことをいとわない失業労働者がいたとしても、企業は現役社員の賃金を上げ続けるという、第二次世界大戦後の暗黙の社会契約に変化が起こった。この社会契約の変化は、日本でも徐々に起こり始めている。今や日本でも、会社は役に立たない人材、いわゆる窓際社員を会社に留めておきたがらなくなっている。

経済学者は、昇給の保証を、チームワークとやる気の促進のために必要だとして正当化した。しかし、共産主義と社会主義の終焉、そして労働組合の衰退により、企業は従業員の「自発的」協調など気にする必要はなくなってしまったのだ。企業はもっと冷酷になり、「恐怖」を大きな動機づけのテクニックとして採用することができるようになった。多くの人々は、厳しく不確実な労働市場に放り出されるよりは、多少賃金が停滞していても、その仕事に甘んずる方を選ぶだろう。

アメリカの労働省が「非管理職労働者」と呼ぶ人たち（労働力の約八〇パーセント）について見てみると、実質賃金は一九五〇年から一九七三年まで上昇し、その後下がり始めている。現在の動向からいくと、二〇〇〇年には、これらの労働者の賃金は、一九五〇年のそれと同じくらいになるだろう。同じ半世紀の間に、生産性は二八〇パーセントも増大したにもかかわらずである。

このようなパターンは、これまで資本主義国ではみられなかったものであり、問題は、下がり続ける実質賃金が社会の安定にかける重圧に、資本主義のシステムが耐えうるかということである。これは現在、資本主義の要塞であるアメリカで試されているが、この疑問に対する答えもまだみつかってはいない。

近視眼

資本主義について挙げたい最後の特質は、先天性近視眼である。資本主義は生まれながらにして近視眼であり、今日、この先見の明の欠如の深刻な発現が、非常にはっきりし始めてきた。

資本主義の興味深い、そしてときに怖いところは、過去の記憶がなく、また未来へのビジョンもないように思えることだ。封建主義のような社会制度には、現在と過去を結びつける強い伝統があった。そこには神によって王権を授けられ、歴史の始まりへとつながる王が存在した。あるいは古代エジプトの社会を見てみよう。そこには、はなはだしく先見的なビジョンがあった。死後の世界の方が現世よりも重要であり、だからこそ、彼らは何世代にもわたるピラミッド建設に着手し、完成することができたのだ。

それとは反対に資本主義は、現世現在しか信じない。未来について考えるな、過去について考えるなと言っているような主義だ。私は、大学で若い世代のアメリカ人を教えているときに、これをとても強く感じる。その学生たちが生まれる前に起こった戦争について、彼らはおよそ無関心であり、彼らにとっては起こらなかったのと同じことなのだ。現代のアメリカの大学生にとってベトナム戦争は、暗黒時代の百年戦争と全く変わらない。「ぼくの生まれる前のことなんて、どうでもいいよ」。これが今日の若者の基本的姿勢なのである。

資本主義においては、「未来」とはせいぜい五、六年先のことである。資本主義の基本原則は、はるかな未来まで続くような何かをするとか、何かを築くとかではなく、可能な限り最大の利益を、今ここでどうやって獲得できるか、ということである。特に大企業では、最高経営責任者（ＣＥＯ）自身が雇われた労働者であるため、この先見性の欠如は一層悪化している。即時の結果が要求され、さもなければ解雇通知を突きつけられる。（それには餞別として高額の退職金がついているかもしれないが）。株主たちにほとんど常に監視されて、収益の増大と株価を上げることを要求されているときに、二〇二〇年のことなど、どうして心配していられようか。

共同体、伝統、強い家族の結束などは、自然と人々に過去と未来とのつながりを与えていた。過去は伝統と儀式の中で思い起こされ、共同体のために、そしてこの共同体に送り込んだ子供たちのために、共通の未来を築くことに関心がおかれた。しかし今日では、共同体、伝統、そして家族さえもが、現代社会で起こっている出来事から強い圧力を受けている。

われわれは、未来の世代のことにますます関心がなくなっているようだ。子供たちや孫たちのことは気にかけているかもしれないが、決して会うこともないひ孫たちや未来の世代のことなど、どうして気にかける必要があろうかということだ。

未来を視野に入れることが、なぜそれほど重要なのか。資本主義の先見性のなさが、なぜ不安材料なのか。これについては多くの理由が挙げられるが、ここでは二つの問題について簡単にふれておきたい。

いわゆる「情報社会」では、知力が最も重要な資源であり、先見性のなさは、経済と社会における進歩を妨げることになるだろう。なぜなら、資本主義的原則に基づく企業がやりたがらない長期的かつ大規模な投資は、二一世紀に安定した社会を作るためには不可欠だからである。

まず第一に、技能、知識、創造性を養う教育への長期的投資は、経済における人間の知力の重要性がますます増大している今日において、これまでになく重要である。充実した教育投資という形で未来への投資をしない国は、地球規模の競争の激しい二一世紀の経済環境で敗北するという、大きな危険を冒している。

さらに彼らは、だれにも必要とされない低熟練労働者の増大に直面し、高度に熟練した頭脳労働者との分極化社会をもたらすという、これまた大きな危険を冒しているのだ。また、情報インフラの建設、および完成のために必要とされる投資の規模も非常に大きい。すべての計算を近視眼的な資本主義的考慮に基づいて行っていては、何も成し遂げられないだろう。

もうひとつのホットな話題は、環境保護である。第五章でふれるが、環境問題の本質については多くの誤解がある。いずれにせよ、この問題の重要な局面のいくつかを解決するには、たしかに長期的展望が必要である。たとえば地球温暖化は、即座に目に見えたり現れたりするものではないので、産業資本家の多くは、地球がこの脅威にさらされる可能性を認めようとはしない。しかし、もし地球の温暖化が事実なら、その影響が本当に現れ始めたときに対処するのでは遅すぎる。長期的な防止措置をとる必要がある可能性が高いのだ。しかし残念ながら、これは今の資本主義にも政府にも対処できることではない。遠い未来のために今とるべき姿勢を考えることは、今日ますます重要になりつつあるが、われわれの経済・政治システムは、この事実を忘れているようだ。

貪欲、個人主義、高い生産性、近視眼。資本主義のこれら四つの要素が、経済を今まで発展させてきた。しかし、これから先、これらの特質がわれわれをより良い未来に導いてくれないことは、痛いほど明らかではないだろうか。過去二十年間に世界で起こった色々な進展を考えると、産業時代の資本主義は、明日のニーズや現実と激しく衝突するかもしれないのだ。

現代社会のぎこちない関係

この章の最後に、資本主義と二〇世紀を規定する他の要因との関係を、いくつか探究してみよう。これらの関係もますます緊張してきており、新たな道を探検する必要に迫られているからである。

資本主義が二〇世紀の大きな推進力だったことは、疑問の余地がない。しかし、それは決して孤立して存在していたわけではない。われわれを今日まで発展させてきたのは、資本主義と他の多くの要因との相互作用であった。

資本主義と民主主義の本質的な違い

二〇世紀を形作ってきたもうひとつの主要な力は、民主主義である。そして、資本主義の場合と同じように、民主主義も競合するイデオロギーシステムとの衝突に勝利してきた。

今日ほとんどの人々は、民主主義と市場経済、すなわち資本主義のことを、まるで兄弟であるかのように最も自然なペアとして語っている。ほぼ同時に産業資本主義と代表制民主主義が世界の隅々まで広がったために、この経済と政治の二つのシステムは完全に調和して共存している、という錯覚を作り出してしまったのかもしれない。

しかし、蓋をあけて中を見てみれば、民主主義と資本主義の中核をなす価値感が、それぞれ非常に異なることは明らかではないか。民主主義は極端な平等を肯定している。つまり、いかに頭が良くても悪くても、勤勉でも怠慢でも、博識でも無知でも、一人一票なのである。社会への貢献に関係なく、選挙の日には、だれもが同じ「一票」をもつのである。歴史的に、この極端な平等のシステムを擁護する支配者はほとんどいなかった。今われわれはあらゆる人に一票を与えている。知性、富、あるいは社会における影響力とは無関係にである。そのようなシステムの恩恵について、かつてのジュリアス・シーザーを説得しようとしたら、どんなことになるだろう。

一方、資本主義は、極端な不平等を肯定している。経済収益の差は、インセンティブの構造を作り出し、それによってだれもが働き続け、すぐ先の未来に投資し続ける。不平等は、健全な資本主義に必要な競争をあおる。市場経済では、富はさらに富をもたらし、貧困はさらに貧困をもたらす。なぜなら、人的、物的資産への投資――故に将来的な所得――は、現在の所得によって左右されるからだ。

資本主義そのものには、平等化のメカニズムは組み込まれていない。経済的適者は経済的不能者を絶滅させると考えられている。実は、「適者生存」という言葉は、一九世紀の経済学者ハーバート・スペンサーが作り出し、チャールズ・ダーウィンが進化論を説明するために借用したものだ。一九世紀の資本主義についての厳しい見解では、経済的飢餓は、この経済システムにおいて積極的な役割を果たしていた。資本主義は実は民主主義など必要ないのであり、それは一九世紀のアメリカに見られたように、奴隷制と容易に共存することができるのである。

民主主義と資本主義は、基本的な次元で正反対である。基本的価値が異なるにもかかわらず、資本主義と民主主義の共存を可能にしたのは、先にもふれたように、社会福祉と教育への公共投資である。マルクスは、これらの二つの要素、特に公共教育が、近代社会を強固なものにすることを予知していなかった。

民主的な資本主義国では、国家が市場での結果を平等化するための措置（たとえば、累進税など）をとり、必需品の取得を助ける（たとえば、住宅ローンに対する特別税免除など）。もはや市場に必要とされなくなった人には、国家は年金、ヘルスケア、失業保険などの形で援助を提供する。そして、国家は人々が売りものになる技能、すなわち公共教育を習得するのを助け、そこそこの生活の糧を得られるようにする。

民主主義が成し遂げた最も重要なことは、親の所得と、その子供が教育や技能を習得する能力との関連を断ち切ったことである。公共教育によって、だれもが少なくともある程度、資本主義のゲームに必要な能力を身につける。これがなかったら、経済活動に有意義に参加できない、文盲で技能をもたない人々が増えるだろう。それはまた、まさにマルクスが予想したとおり、社会に危険な断層を作り出すことになると思われる。

このシステムでは、国家は明らかに平等の味方であった。民主主義国家は、不平等を拡大させていく資本主義的傾向に対する均衡化要因として機能した。低所得者、および中所得者は、政府（あるいは裁判所）に友人がいると考えることができた。成功して満足な生活を享受するために、体制を転覆させる必要はなかったのだ。

このように、二〇世紀のほとんどを通じて、民主主義と資本主義は、相互に緊張はあるが、比較的安定したバランスの中で共存することができた。第二次世界大戦後から一九七〇年代初期にかけての、生産性が上昇し賃金が増大し国際経済が拡大し続けた資本主義の黄金時代には、この二つのシステムのチームワークは、すべての問題にとっての完璧な解決策であるかのように思われたかもしれない。

しかし今日では、この調和に見すごすことのできない亀裂が現れている。民主主義的・資本主義的な社会システムの安定に対する圧力は増す一方で、社会福祉も社会投資も、グローバル経済、および国民経済の変化によって、脅威にさらされている。

スカンジナビア諸国の経験からもわかるように、広範囲にわたる社会福祉制度は、理論上は理想的かもしれないが、実際問題として、維持するのが非常に難しいことがわかってきた。

まず、所得税五〇パーセント、それに加えて、消費税二〇パーセント余りという形で、所得の半分をはるかに上回る額を政府に取られるというレベルまで税負担が増大し続ける。経済より急速に成長する社会福祉制度をいつまでも保つことは不可能であり、スカンジナビアでは、この試みは限界に達しているようだ。

そして、世代が代わると、失業、および疾病手当が非常に厚いシステムでは、動機づけの問題が起きてくる。

たとえば一九八〇年代、スウェーデンには、非常に潤沢な疾病手当制度があり、それまで三十年間変わらずに続いていた。一九六〇年代には、それはたしかにうまく機能していた。その制度を不当に利用する人がだれもいなかったからだ。そのころの世代が自ら闘って確立した制度だったので、それに対してある種の道徳上の義務を感じていたのだろう。しかし、三十年後の世代は、確立された福祉制度の下で育った世代であり、今では、毎週、驚くほど多くの人々が病気休暇をとっている。彼らはみな週末のみでなく、月曜日や金曜日にも休みをとり、その日分の給料をもらっているのが現状だ。

高度に発達した福祉制度をもつオランダのような国でも、なんと人口の二〇パーセントが障害者として登録されている。三十年前なら医者にさえかからなかったような腰痛が、今では障害者として認定される。そして、仕事をせずに政府の補助を受けられるのだ。

スウェーデンでもオランダでも、社会や法律は実際、何も変わってはいない。ただ第二世代の福祉利用者の態度が変わったのだ。第二、第三の世代は、本当に必要でなくても病気休暇をとったり、本物、あるいは想像上の、あらゆる種類の障害を登録して、制度を悪用する。最初の世代では大事な特権とされていたものが、次の世代では権利になる。そして国家は、福祉制度を維持するのがますます困難になる。

さらに、すべての産業国における人口の高齢化が、制度に圧力をかけている。そしてこれは、現在まさに日本が直面している問題である。増え続ける高齢者に対する政府支出は拡大する一方で、これをなんらかの方法で賄わなければならない。しばしばそれは、他のグループのための社会的手当を制限することによって、教育、インフラ、基礎研究への投資、すなわち、未来への社会投資を削ることによって賄われるだろう。あるいは政府は、所得税を増税しなければならないかもしれない。

グローバル化する経済では、増税はますます難しくなってきた。賃金税が高くなると、企業が支払わなければならない実際の賃金が上昇し、産業や雇用を海外の低賃金の国へ追いやることになる。そしてとり残されたものたちが、老人を支えるために高くなる一方の税金を払わなければならない。このプロセスは、最近のヨーロッパで劇的に現れているようだ。

教育、技能、インフラ、知識の生産（研究）への社会投資が減ると、会社や労働者は、グローバル経済における競争力を低下させることになり、未来の社会的・経済的進歩が危険にさらされる。資本主義の時間的視野は近視眼的であるため、これらの長期的課題に対して賢明なとり組みをするのは非常に難しい。しかし、少なくとも三十年、あるいは五十年先を考えなければ、社会投資に対する真のニーズは軽視されやすいのである。

社会福祉手当の低下、教育投資の減少は、「ルンペン・プロレタリアート」（一九世紀のマルクスの専門用語）、あるいはアンダークラス（二〇世紀の用語、下層階級よりさらに下の階級）、つまり、経済、あるいは社会システムに属さない人々をつくり出す可能性がある。その中には、福祉をもらうのをやめて給料が少なくても働きに出る人もいれば、福祉から抜け、彼らにはほとんど関心がない社会に参加するのを拒否して、ホームレスや日雇労働者として生きる人もいるだろう。彼らの技能や習慣はお粗末なものなので、民間企業はどこも彼らを必要としない。これは今日すでに見られる現象で、こういった人々の数が増えると、そのうち社会のどこかに亀裂が入ることになる。

この一世紀の間、民主主義と資本主義を結合させていたシステムは、こうしてほころび始めている。グローバル化と技能集約型技術へのシフトにより、所得のギャップが広がり、政府がそれに対して何もできない、あるいは何もする気がないように見えると、低い実質所得に直面する大多数の労働者は、遅かれ早かれ民主主義に不満を抱くようになるだろう。

ヨーロッパでは、賃金はさがっていないものの失業は増え続け、極右の独裁主義的非民主主義政党が、すでにフランスやオーストリアでかなりの票を獲得している。そしてあと二、三十年のうちに人口が世界で一番高齢化する日本では、これは無視できない問題であろう。

民主主義と資本主義を共生するものとして結びつける方法を見い出すことは、次の世紀の経済的・政治的問題の中心になりそうである。その答えは、社会投資国家の新たな活性化の中に見い出されなければならない。

しかし、こういったことが、今日のアメリカのような国でさえ起こっていないのである。連邦予算では、過去二十五年の間に、未来への投資は半分にカットされている。そして、クリントン大統領と共和党優位の議会により、二一世紀初めの均衡予算を目指した、さらに大幅なカットの計画が待っている。

また、個人主義の増大にともない、アメリカでは公共教育への支出に対する支持が低下している。人々は、子供の教育、特に他人の子供の教育が、なぜ自分たちにとって大切なのか理解できないのだ。多くの人々は言う。私立教育へ移行してしまえばいい、そのほうがずっと細やかな対応ができる先端的なシステムだと。しかし、彼らが忘れているのは、私立教育で国中の人が完全に読み書きできるようになったことは、歴史上一度もなかったということだ。それは不可能なのである。

親たちは、子供たちに適切な教育を施すのに、必要なお金を投資することができない、あるいは、したくないのだ。公共教育の堅固なシステムがなければ、識字レベルは低下し、社会における不平等のレベルは増大する。ローマ帝国の絶頂期には、ほとんどすべての人が字を読むことができた。が、九百年後の今日、産業社会、特にアメリカでは、文盲の人々が増えている。読み書きできる状態から、できない状態へ後戻りすることはありえるのだ。人々が公共教育を軽んずれば、社会不安への道を歩むことになるだろう。

世界中で、予算と長期的未来に投資するニーズとを均衡化させることは、非常に重要な、しかし今までほとんど軽視されてきた課題である。しかし、民主主義と資本主義がパートナーシップを続けられるように、新しい仕組みを見い出すことは必須なのである。

「主権国家」で育った資本主義に、もはや国境はない

資本主義は主権国家の枠組みの中で成長した。実際、資本主義には大きな市場と共通のルールが必要だったという意味で、主権国家の形成と強化に大きな役割を果たしたと言ってよい。共通のルールと地域的市場より大きな市場の両方を手に入れる唯一の方法は、主権国家の力を築き拡大することだった。二、三十年前までは、このシステムはそれなりによく機能していた。制限されない経済活動は、主権国家間、つまり国際的な枠組みの中で行われたからである。

しかし、過去二十年間に、世界は劇的に変化した。今日最大の危機のひとつは、われわれが世界が変化したことを認識しようとしないことかもしれない。『資本主義の未来』(邦訳TBSブリタニカ刊)でも私が論じたように、今の世の中は、地域経済から国民経済へ

と移行した一世紀前と同じように、国民経済からグローバル経済へと移行している。地域経済から国民経済へと移行したときは、政府が必要なルールや規制を作った。しかし、国民経済からグローバル経済へ移行しつつある今、経済活動を監督する法規が欠如している。

国民経済についてすら語る意味がなくなりつつあるなかで、国の政府はもはやグローバルな経済活動をコントロールすることなど到底できるはずもない。そして、かつて主権国家が果たした役割に取って代わるような、システムも、グローバルな統治も、グローバルな法律も存在しない。前述したように、二〇世紀の資本主義社会の安定を維持したのは、平等に投資するという政府の決定であった。競争の激しいグローバルな経済環境では、適切なバランスをどこでどのように見い出すか、ということが重要な問題になってくる。

今、われわれはグローバル経済における一連の問題にとり組もうと格闘している。知的所有権がそのひとつであり、地球規模の環境保護主義もそのひとつである。しかし、地球政府というものはないし、これからもできそうにないので、実際に法律を制定することは不可能だろう。

一九九七年の地球温暖化に関する京都会議でも明らかになったように、われわれの時代、そして未来にとってきわめて重大な問題について、地球規模のコンセンサスに達することは、極めて難しい課題である。各国の政治家たちは、あたかもわれわれが主権国家の世界に生きているかのように考え、行動し続けている。しかし実際、二一世紀を目前にして人類が直面している最も緊急かつ重要な問題は、もはや個々の国々の枠組みの中では解決することはできないのだ。

ＩＭＦや世界銀行のような機関は存在するが、一九九七年から一九九八年にかけての東南アジアにおける金融危機で明らかになったように、これらの機関は、グローバル経済の出現によって起こる、地球規模の通貨問題や国民経済の破綻にとり組むように設計された機関ではない。ＩＭＦは、豊かな産業国における一時的な国際収支の問題にとり組むために設立されたのであって、連結したグローバル経済の変動によって動揺した国全体を救済するためではなかった。そして世界銀行は、大規模なインフラ計画に資金を融資するために設立されたものである。もし、これら二つの機関のどちらかが、世界規模の通貨、株式市場、銀行危機にとり組むために設立されたとしたら、全く異なった作られ方をしていただろう。

このように、われわれは時代遅れの道具で、新しい問題にとり組んでいるのだ。統治形態、大きな金融機関、政治と経済の概念は、まだ主権国家にしっかりと固定されている。資本主義をグローバル経済で、有効に機能させることができるか、あるいはどうしたらできるかの探究は、われわれ全員がとり組むべき、もうひとつの重大な課題なのだ。

技術革新と資本主義のジレンマ

資本主義を最初に加速させたのは技術的な発明、つまり蒸気機関だったが、体系的な技術変革という概念は、初期の資本主義にはなかった。蒸気機関を発明したワットも、溶鉱炉を発明したベセマーも、基本的には職人であり、彼らは自分たちが何をしているのかすら知らなかったのだ。彼らの教育レベルは低く、たとえばベセマーは、彼の溶鉱炉を作動させているのが何なのかよくわかっておらず、作動するまでいじくっただけなのだ。

一九世紀までの技術のほとんどは、職人の工夫の結果であり、技術変革を故意に計画できるという考えに基づいたものではなかった。一八世紀末、あるいは一九世紀初めに経済学者が書いたものを読むと、当時の技術変革は天来の恵みに少々似た感覚でとらえられている。『国富論』は、技術的進歩について全くふれていない。もちろん技術が存在すれば、資本主義はそれを利用し利益を生み出すのが非常に上手だったが、資本主義が新しい技術の陰の触媒であるという理論はなかったのだ。

アダム・スミスにとっての技術革新の概念は、たとえて言うなら、ピン工場の分業であった。職人一人ひとりにピンを一本ずつ完成させる代わりに、その作業をいくつかの作業に分け、別々の人々に同じことを繰り返させるというものであった。これは生産性を増大させる一手段ではあったが、技術変革の概念といったものは、アダム・スミスの考える企業には存在しなかったのである。

最初に技術を一種の合理的な科学の基礎の上に置いたのは、一九世紀のドイツ人であった。彼らは、体系的に技術の向上を目指すという考えを生み出したのだ。一九世紀に作られたドイツの化学工学産業は、この概念に基づいている。

しかし、技術変革が社会、および経済における一貫した変化の力になったのは、第二次世界大戦のときであった。好むと好まざるとにかかわらず、戦争はその点において、非常に重要な役割を果たした。レーダー、ジェット機、原子爆弾などを開発するために、体系的な努力がなされたからだ。そしてその過程で人々は、明確な技術的目標を設定し、それを達成することができるということを学んだ。このように、現在われわれの間に浸透していると思われる、技術変革を故意に計画できるという概念は、過去半世紀に初めて発展したものなのである。

ここでは、基礎科学やバイオテクノロジーやインターネットのような大きなブレイクスルー技術に投資してきたのは、資本主義ではなく政府であったことに注目することが大切である。もし資本主義の本質を変えてきた、いわゆる「市場の原理」に任せていたならば、基礎的な技術変革が、これほどまで社会の様相を変えたかどうか非常に疑問であるからだ。

今日の民間部門の研究開発を見ても、ほとんどの会社は、開発はさかんに行っているが、研究はあまり行っていない。ベル研究所やＩＢＭ研究所のように、会社が市場をほとんど完全に独占していて、基礎研究をする余裕がある場合など、多少の例外はあるが。しかし、コンピュータ技術、トランジスター、半導体、あるいはバイオテクノロジーにしても、資金を出したのは政府である。

アメリカのように、研究が大学の研究所で行われた国もあれば、ドイツのように国立の研究所で行われた国もある。そして多くの研究は軍隊によって推進された。

ここに、現代社会における基礎研究を促進した二つの要素がある。それはヘルスケアと軍隊である。人はなぜか、より長く生きていきたい。だから、生物学研究のためには多くの資金が獲得できる。そして冷戦期には、相手が自分のミサイルより速いミサイル、優れた武器を作ることをだれもが恐れていた。

ロナルド・レーガンの提案した、アメリカのための大規模なミサイル防衛システム、「スターウォーズ」構想は、提案した人たちですら、それが稼働するまでに三十年から四十年はかかるだろうと考えていた。民間企業では、決してこういうことを自発的には始めなかっただろう。賢い資本家なら、何十億ドルもの資金がかかり、機能するまで、あるいは、収益をあげるまでに半世紀もかかるようなプロジェクトは始めないであろうから。

このように軍事研究によって、われわれは純粋な資本主義の時間的視野より長期的な視野をもつことができた。逆説的なのは、冷戦が終結すると、この時間的視野は、過去何十年か続いた長期かつ大規模な地政学的・軍事的な時間の視野から、近視眼的な資本主義の視野に戻りつつあるように見えることだ。冷戦の終結は、たしかに人類すべてにとって素晴らしい出来事だが、われわれの思考の中に、そして技術開発を計画するときに、未来の展望を何らかの形で再び導入しなければ、困難に直面することになるはずである。

基礎研究を、純粋な資本主義的意思決定に任せておくならば、五十年後には、必要な技術的インフラが欠けている、という事態になるかもしれない。民間の産業は、市場向けの製品の発明や開発資金を提供することはあるが、基礎研究、すなわち、製品化を可能にする基礎の建設は、常に政府によって賄われてきた。インターネットがその古典的な例である。莫大な初期投資は、アメリカの官軍複合体によって行われた。その基礎的な技術が市場に出せるようになったとき、初めて私企業が参入してきたのだ。

二一世紀のグローバルな世界では、あらゆる国や地域が利用できる地球規模の知識の宝庫となる、世界科学財団のようなものを作るべきである。これは未来における、ポジティブな技術的進歩の可能性を大いに高めるからだ。しかし、この地球規模の知識の宝庫が実現することはありそうにない。資金を提供するような地球政府が存在しないし、今日のような経済競争の中では、集団的な地球規模の努力に必要な資金や専門技術を喜んで提供する私企業はもとより、国の政府もほとんど存在しない。

そのような財団の効果が目に見えるようになるまでには、かなり長い時間がかかるだろう。新しい概念が科学的に実行可能になる時点と、それが重要な経済的製品になる時点との間には、通常半世紀の時間差があるからだ。しかし、二一世紀に基礎科学に資金提供する方法をだれかが見い出さなければ、結局、ビジネスチャンスは縮小してしまう。

大学で経済学の基礎講座をとると、生産フロンティアの話が出てくる。そして、資本主義がとても得意なのが、われわれをそのフロンティアへ到達させることである。合理化、生産性の増大、利潤極大化などをとおして、企業は生産性を増大させるためにたゆむことなく働く。しかし、経済学の教科書には、そのフロンティアを外側へ拡張させることについて語るものはひとつもない。

しかし、技術変革が実現可能にするのは、まさにそれなのである。それはわれわれのフロンティア、つまり可能性の限界を拡大する。われわれは、いわゆる情報技術の出現が、経済と社会を徹底的に刷新してしまった様子を見てきた。そして今、このフロンティアの拡大が、資本主義の本質そのものをも変えつつあるのだ。

人造の知力産業の時代において最も重要なのは、もはや機械や設備でも、資本主義という名の由来である資本でもない。今日の成功は、知識、知力、創造性のみによってもたらされるのだ。これらはすべて所有することができない。最も基本的な資本を所有することができない資本主義とは、いったいどんなものなのだろうか。機械よりずっとつかみどころがなく、しかしずっと強力な知力という無形資産を、どうやって有意義に利用したらよいだろうか。これらは、技術変革によってフロンティアが拡大したために資本主義が問われている課題なのである。

資本主義に未来はあるか

人類の歴史では、永遠に続くものは何もない。最も偉大な帝国でさえ、その繁栄の絶頂のさなかに崩壊へと向かっていった。今日の疑問は、われわれは資本主義の終焉に近づきつつあるのか、ということである。今まで述べてきたように、経済、政治、技術システムの間には、ぎこちない関係が多々存在する。これらの矛盾は、資本主義の消滅につながるのだろうか。そしてもしそうであるなら、それはいつ起こるのだろうか。

大きな社会経済システムは、ゆっくりと変化する。たしかに、数々の表面的な変化は全く新しい環境を作り出すが、現在の環境のなかでわれわれの活動の根拠となっている一連のルールは、非常に執拗で変化が遅い。そしてもうひとつの歴史からの教訓は、お粗末なシステムでも長い間続くことがあるということだ。

封建主義の下、ほとんどの人々は惨めであった。封建時代の生活水準は、古代ローマやギリシャのそれよりも低かった。封建主義は明らかにお粗末なシステムだったが、それでも一千年間続いた。

資本主義は、明らかに突然の崩壊に見舞われることはないだろう。というのは、それに取って代わる経済システムがないからだ。二〇世紀に世界中で人々が試みた方法はことごとく失敗に終わり、今は市場経済、つまり資本主義システムしかない。ビジネスをしている人は、資本家でなければ、何と呼んだらいいのだろう。市場経済の擁護者と呼べるかもしれないが、これは資本家の別の言い方にすぎない。頑固な共産主義国ですら資本主義の市場原理を取り入れており、遠からず彼らも、同一の地球規模の資本主義経済の仲間に入るだろう。

今日資本主義にかわる経済システムは存在しない。しかし同時に一九世紀に作られた経済システムが、二一世紀の世界には全く不適当であることも明らかである。産業主義社会における不平等の拡大が、民主主義と資本主義の間に摩擦を生み出しているばかりでなく、技術が資本主義の定義をあいまいにし、現実との不調和を作り出しているのだ。

今日必要なのは、まさに探検の精神である。われわれの経済社会システムの突然の崩壊は起こらないだろうし、突然の革命的変化を引き起こそうとする必要もないだろう。しかし、われわれは経済生活を行う新しい方法を探究する必要があり、よりよい未来の創造に役立つ、より長い時間的視野を再発見する必要があるのだ。

経済的成功と社会的安定のために、より長い時間的視野が必要とされているまさにそのときに、多種多様な要因が短い時間的視野へ向かっている。ハーバード大学の社会生物学者エドワード・O・ウィルソンは、短い時間的視野は、人間の遺伝行動コードのなかに組み込まれていると考えている。家族や部族レベルを超えた協力はかつてまれであり、有史以前には生命は不安定で短かかったため、遺伝子によって、人間は一世代、あるいはせいぜい二世代先を見込んでしか計画を立てられないようになっている、というのが彼の説である。もともと、近い将来にとても高い価値をおき、その先のことはほとんど無関心にできているという見方である。

しかし、遺伝子学について何を信じようと、歴史からは以下のことが明らかである。たとえばエジプトやローマにおいて人間は、何千年もの間、非常に長期的な共同体の利益を維持することができ、それは短期的な個人の利益より強かったのだ。この長期的な未来の利益を再発見しなければ、われわれが毎日の経済的決断においていくら有能な資本家であってても、この文明全体を大災害の瀬戸際に追いやってしまうかもしれない。

新しい新鮮な経済学へのアプローチを探究するためには、まず過去二十年ほどの間に世界の舞台で起こった基本的な変化を理解する必要がある。それでは次に、近年に現れた経済的現実を見ることにしよう。

第三章　新世界の発見

――革命的に変化した経済環境――

経済の地殻変動——五つのプレート再考

クリストファー・コロンブスについてのジョークを繰り返すことにしよう。「彼は行く先を知らず、さらにそこに着いたときには、自分がどこにいるのかわからなかった」

経済の状況について語るとき、今日のわれわれも、色々な意味で彼と同じような状況にあると言える。経済の地表を変形させている基本的な諸勢力が、われわれをほとんど想像できない場所へ連れていき、そしてわれわれがゆっくりと発見しつつある新世界は、全く未知の場所なのだ。この世界について語るためには、新しい語彙を発明しなければならず、そして、そこに生き、そこで活動するためには、全く新しいルールを定める必要がある。

拙著『資本主義の未来』の中で私は、今日、資本主義の基礎が動揺していると論じた。世界経済には、多くの異常な事態や不可解な現象が起こっている。経済の地震、あるいは火山噴火に相当する現象だ。しかし、こういった噴火や地震は、われわれの経済の構造の、ずっと深いところで起こっている変化の単なる表面的な現象にすぎず、もしこの新世界の海を安全に航行したいと望むなら、世界を作り変えている基本的な勢力を理解しなければならない。

『資本主義の未来』の中では、私はこれらの力のことを、地質学の用語を借りて「経済プレート」と呼んでいる。地表はそれに沿って変化する。地球上で見られる地震や火山噴火は、巨大なテクトニックプレートの動きによって引き起こされる。私は地球の経済的地表を変形させているものとして、五つの基本的な経済プレートを指摘した。

第一の経済プレートは、共産主義の消滅である。ソビエトシステムの崩壊とともに、十九億人の人々が、ほとんど一夜にして資本主義の世界へ参入することになった。これは様々な意味で経済の姿を変化させており、ビジネスにとっても主権国家の国境にとっても無数の結果をもたらしている。

第二のプレートは、天然資源に基づいた産業から、人造の知力産業へのシフトである。産業の枠組み全体が、そして仕事や富の意味そのものが変化している。

第三のプレートは、世界で起こりつつある、大きな人口の変動である。人口は増大するとともに高齢化している。そして人類史上最も活発に移動している。有権者の多くが六五歳以上になったら、世界はどう変わるだろうか。これは日本では二一世紀の初めには起こっているであろう現象である。そして、永続的に、あるいは一時的に、異なる国々の間を移動する人が増えると、経済にはどんな影響が現れるだろうか。

第四のプレートは、真にグローバルな経済への動きである。国民経済はゆっくりと消滅している。今日では地球のどこででも、どんなものでも生産することができ、それをあらゆるところで売ることができる。これは、ビジネスのやり方や経済学の概念にとって、何を意味するのだろうか。

最後に第五のプレートは、主要超大国がひとつしかない世界から、多極的な世界への動きである。そこではゲームのルールを決定する支配的大国は存在しない。過去二百年以上もの間、常にひとつの支配的大国が存在していた。しかし、二一世紀には、国家はすべて資本主義国であり、ひとつの国が他のすべての国々を支配する勢力をもつことはない。世界は今までより公平で自由に見えるかもしれない。しかし、経済ゲームがどのように行われるか、はっきりとしたルールは定められていない。

「なぜ、主要経済プレートのひとつとして地球環境保護主義にふれないのか」、と尋ねる人がいる。たしかにこのトレンドは、過去二十年間、経済を変容させているように見えるかもしれない。しかし私は、環境保護主義を基本的な変質勢力としてより、システムを束縛するものとして見ている。体系的な変化を押し進めているものではなく、むしろ、システムを束縛しているものとしてである。私は、これがゲームのルールを根本的に変えているとは思わない。そのためこのトレンドを含めないことにしたのである。

ここでは、五つのプレートの特徴をすべて繰り返すことはしないが、これらによって引き起こされたものについて、いくつかふれたいと思う。そして、これらは単なる表面的な変化ではなく、ビジネスのルールを書き替えている基礎的な変容であるということを理解していただきたい。ルールが新しくなった世界では、新しい戦略が必要である。だからこそ、特にビジネスマンにとって、五つの経済プレートを理解することが重要なのだ。

共産主義の終焉のように、一部のプレートの影響は、二十年ほどのうちに消えてしまうだろうが、これらの力は、将来ずっと長い間われわれに影響を与え続けるだろうと私は考える。共産主義の終焉でさえ、まだ完全に世界経済に吸収されてはいない。今だに、もと共産主義国も、北朝鮮、中国、キューバのような国々に残されたいわゆる共産主義の数少ない砦も、世界の他の国々も、この劇的なシフトが経済学の実践と理論にどんな意味をもつのか、理解しようとしている段階にある。

これらの五つの力を、われわれがこれから探検する海の底を流れる潮流と見なすこともできる。これらの潮流の特徴を知ることは、二一世紀初期の荒海の危険な海域や隠れた岩を避け、より安全な航海をするのに役立つだろう。

再び海が二、三十年前のように静穏になることがあるのかという疑問に対する答えはまだない。われわれは今、特に荒れた海域におり、突然の経済的変化の波——好ましいものもあれば、好ましくないものもある——が、少なくとも二十年間は船を揺らし続けるだろうと私は考える。それからはもっと穏やかな海へと進んで行くかもしれないが、二一世紀には、変化のペースはより速くなる可能性が非常に強い。だからこそ、潮流を理解し、自分なりの「航海技術」をできる限り身につけなければならないのだ。

1. 共産主義崩壊の波動

共産主義の終焉が政治経済システムに及ぼした影響については、共産主義崩壊直後の喧騒の時期よりも、今、ゆっくりと明らかになりつつある。

まず第一に、今や資本主義には明らかな競争相手がいない。このことは逆説的に、現在の形態の資本主義が、未来へ向けて改革するのを難しくしているかもしれない。今、もしあなたが「資本家」、あるいは「自由市場経済専門家」でないのなら、あなたは自分を何だと言えばよいのだろう。選択肢はないのである。

かつて世界の人口の約三五パーセントは、資本主義以外の経済形態のなかにあった。しかし、今や中国を含むどの国も、同じ資本主義というゲームに参加している。一九九八年の初めには、真面目な共産党の広報紙『人民日報』でさえ、一九九八年から上海、および深圳《しんせん》株式市場のためのデータとチャートが載った新しい金融面を設けると発表した。もっと流行に敏感な新聞との競争による市場シェアの喪失に直面して、この共産主義プロパガンダの砦とされる新聞も、株式市場の時流に乗ったのだ。

ビジネスに関わる人なら、共産主義の終焉とともに経済的地理がいかに変化したかを直接経験しているだろう。今日、これまで非共産主義国にとってはアクセス不可能だった巨大な地理的領域が、世界に向かって開かれ、天然、および人的資源の偉大な宝庫が、世界中のビジネスにとって利用可能となったのだ。そして、競争の環境も激しく変化するだろう。新たに一九億人の人々が、地球規模の資本主義経済で競い合うのだから、多くの産業で競争が激化することは明らかである。

しかし同時に、地球規模の協調の可能性もこれまでになく大きい。今日、世界のほとんどの国は、同じルールに基づいて行動しようと決意しているのだ。そのルールがどんなものかを見極めるのが難しいのだが、われわれが同じゲームに参加し、同じルールに従っているという事実によって、ビジネス競争は、かつて存在しなかった地球規模の協調という枠組みのなかに位置づけられている。今日では、日本人であれロシア人であれ、グローバルな舞台の上でビジネスを成功させるためには、ほとんど同じ基本の上に立っている。

様変わりしたビジネス環境

共産主義が消滅した結果、一部の産業、特に石油産業は、真新しい産業となった。

かつて、世界最大の産油国はサウジアラビアだと言われていたが、それは決して真実ではなかった。実際はソ連が常に最大の産油国だったのだ。しかし、彼らが世界経済に参加しない限り、それはものの数に入らなかったのである。今や彼らはそのゲームに参加し、そして、たしかに世界最大の石油埋蔵地が昨年発見された。そこは、アラビアの砂漠の地下でもペルシャ湾でもなく、カスピ海の海底である。私は、昨年ヒューストンで開かれた石油産業の年次総会に出席したが、ここでは世界中からやってきた三万六千人の参加者が、この世界最大の油田を調査する可能性について、ほとんど忘我状態であった。石油はもはや不足している資源ではなくなり、よって、OPEC諸国の政治的経済的影響力もほとんど取るに足らないレベルにまで低下した。これはすべて旧ソ連の開放によるものである。

あるいは、日本で非常に人気のあるチタン製ゴルフクラブについて考察してみよう。チタンは一体どこからやってきて、なぜ突然手ごろな価格になったのだろうか。それはほとんどすべてロシアからやってくるのであり、共産主義の消滅がなければ入ってこなかったものなのだ。つまり日本人は、チタン製ドライバーをスイングするたびに、世界の経済的地理の変化の具体的な恩恵を享受しているわけである。

今や、他の多くの産業も、同じように新しい形態を取りつつある。しかし、それは天然資源についてのみ言えることではないと指摘することが重要だ。

たとえば、人的資源の市場も根本的に変化をきたしている。

その面から見られる共産主義の欠点は、個人の欲求を満たすことができなかったことである。

女性の下着の生産を例にとると、旧共産主義時代のロシアでは、男性の下着を求める列ができたことはないのに、女性の下着の列はいつも長蛇となっていた。なぜか。それは、中央政府の計画立案者が、男性用下着と女性用下着の製作数を同じ数にしたからだ。実際のところ、女性に購買の自由があれば、男性の少なくとも三倍の数の下着を買うのだが、中央の計画立案者たちにはこれが理解できない、あるいは理解しようとしなかったのだ。

しかし、個人の欲求がわからなかったものの、共産主義システムで成功したのは、高水準学校システムを運営したことである。

今日でもラテンアメリカでは、唯一の共産主義国であるキューバが、最高の教育システムをもっている。アジアでは、中国で教育レベルが最低である地域の人々の方が、インドで最高の地域の人々より、レベルが高い場合が多い。昔の共産主義世界には、約八十万人の第一級エンジニアや科学者がいたほどである。

その巨大な人材のストックが、共産主義の消滅により、今やだれにでも入手可能になったのだ。これは地球規模の人材市場であり、アメリカの企業や研究機関は、すでにこれを利用している。第一級エンジニアや科学者を、今まで払わなければならなかったコストのほんの一部で獲得することができるのだ。現在、ロシアの科学者たちが、イスラエルのような国へ大量に流入している。そして、多くの主要大学も、高度な資格をもった人材の流入を奨励している。私の所属する研究機関、ＭＩＴでも、数学学部がこの二、三年の間に、数人のロシア人を雇うようになった。

天然資源、および人材の新しい市場を有効に利用するためには、まずグローバルな視野をもって仕事をすること、そして、外国人をビジネス組織のなかに組み込むことが要求される。

共産主義消滅の影響は、日本にとっても非常に重要である。五十年間、明らかに日本はアジアでただひとつの主要経済大国であり、重要な競争相手のことを考える必要すらなかった。しかし、中国が市場経済へと移行しつつある今、日本はどうゲームをすればよいのだろうか。中国は、グローバル経済における友か、敵か、あるいはライバルか。中国市場はチャンスなのか。それとも中国の生産はむしろ脅威なのか。あるいはこれらすべてが答えなのか。

もちろん、どう計算してみても、予見しうる未来に、中国が日本より強力な経済大国になることはないだろう。両国の国民一人当りのGDP差は、あまりにも大きいからだ。日本は約三万ドル、中国は五百ドルである。中国が今後百年間、毎年五パーセントの割合で成長したとしても、日本のレベルには達しないだろう。「中国の世紀」というものがあるとしたら、それは二一世紀というより二二世紀のことだろう。

しかし、中国の人口の規模だけをとっても、その経済的影響力はかなり恐るべきものと思われる。前にも述べたように、日本はその世界ビジョン作りにとり組み、そのビジョンにおける中国の位置について、真剣に考えるべきときにきている。

引き直される国境線

第二次世界大戦後の半世紀は、国の国境がほとんど全く変わらなかったという意味で異常な時期であった。国家とはほとんど永続的なもののように思われた。歴史的に国というものは、通常、生まれては消え、あるいはその大きさを変えているということを、われわれは忘れてしまっている。国は永遠に思えるかもしれない。しかし実際は、ほとんどがそうではないのだ。

そもそも、国境が安定しているという誤った印象は、冷戦によって生み出された。ソ連とアメリカが合意できたことのひとつに、「決して国境を変えない」ということがあったからだ。国境の変化はあまりにも厄介すぎた。それは、米ソ両超大国をそれぞれ敵対する国々にかかわらせることになり、第三次世界大戦をスタートさせる可能性さえあったのだ。

両超大国は、既存の国々の安定を保つことに利益があった。しかしこれは、冷戦の終結とともに完全に変わってしまった。そして、歴史的に異常ともいえる地理的安定の時期は終わった。旧ソ連は今では十五ヵ国に分裂し、ユーゴスラビアは少なくとも五ヵ国、あるいはそれ以上かもしれない。また、かつて昔のチェコスロバキアがあったところには、二つの国が存在している。

同じような分裂への圧力は、旧共産主義世界の外にも存在する。イギリスの労働党は、スコットランドに半独立を与え、ウェールズにもそれを提案した。スコットランド人の四分の三が、それに賛成票を投じた。スペインのバスク人とカタロニア人は、スペインからの独立を求めて戦っている。ブルターニュ人とコルシカ人は、フランスからの独立を欲している。北イタリアはイタリアの他の地域から分離したがっており、ケベックのカナダ人も、昨年のレファレンダム（国民投票）で、もう少しでカナダからの分離独立を可決するところであった。

アフリカの国境のほとんどは、おそらく今後二十年ほどのうちに変化するだろう。現在の国境は、地理的にも、宗教的にも、言語的にも、民族的にも意味がない。国境は単に、一九世紀の植民地帝国が、自分たちに都合のよいところに引いたのだ。そこを訪れたこともない人々の手で、地図の上に線が引かれただけなのである。近年、アフリカで見られる混乱は、国境を引き直すプロセスの一環と言えよう。

同じようにインドも、ムガール人やイギリス人のような外部からの侵略者によって統一されたときを除いて、ひとつの国であったことはなかった。かつてイギリス植民地のインドであったところには、すでに、インド、パキスタン、バングラデシュ、スリランカの四つの国があり、それ以外のカシミールなどの地域は、独立を求めて戦っている。インドには多くの言語、宗教、民族グループ、地域があり、それらがまとまっている理由はほとんどないのだ。

インド人が社会主義を信奉していたときには、中央集権的計画策定は良いこととみなされたが、今日ではそれは百害あって一利なしで、市場経済には、強力な中央統制や大きな政府は必要なくなっている。中央統制を除去する方法のひとつは、古い枠組みの外に新しい国を設立することである。

こうして冷戦の終結、共産主義と社会主義の消滅、そして中央集権的計画策定の死は、突如として沸き起こった国々の誕生と死に大いに貢献したのである。

共産主義の終焉の直接的結果は、経済的、政治的風景を徹底的に作り変えてしまったことだ。そしてその風景の形は、今でも変わり続けている。

2. 一番のビジネス資源は知力

近年の経済において見られる二つ目の主要な力は、私が「人造の知力産業の時代」と呼ぶものへのシフトである。

おそらく未来の経済史学者は、二〇世紀末をふり返り、これを第三次産業革命とみなすであろう。一九世紀初めの最初の産業革命では、蒸気機関が八千年に及ぶ農業の支配に終止符を打ち、近代産業の時代を作り出した。次に、一九世紀末、電気が第二次産業革命を引き起こした。電力の発電と送電は、急速に大きな産業の基礎となった。電話が発明され、電灯によって夜間でも仕事や娯楽が可能になり、人々の睡眠時間は減り始めた。

第三次産業革命は、よく情報革命と呼ばれるが、これは誤った呼び方である。なぜなら、この産業革命にかかわっている多くの産業、たとえば、バイオテクノロジー企業や新素材メーカーなどは、情報産業ではないからである。第三次産業革命を区別する鍵となる要因、および共通の特徴は、「情報」ではなく、「技能と知識」であり、それが富の支配的源泉である。つまり、ビジネスが成功するかどうかを決定する要因は知力であるという世界だ。

マイクロソフト社会長ビル・ゲイツは、今や世界一の金持ちであるが、彼はこのシフトを最もよく象徴している。この百年間は、世界一金持ちの男といえば、常に石油との関連があった。まず一九世紀末のジョン・D・ロックフェラー、そしてより最近では、ブルネイの国王しかりである。しかし、一九九七年の夏以来、世界一金持ちの男は、人類史上初めて、知識労働者であるビル・ゲイツとなった。地球上で最も金持ちの男が天然資源を所有していないのは、これが初めてである。このことは、人造の知力産業を特徴とする時代の幕開けを象徴している。

今日の第三次産業革命は、バイオテクノロジー、ソフトウエア、コンピュータ、最新の電気通信など、巨大な新産業を生み出している。そして、一世紀前の電気の発明のときに見られたように、他の産業も変容している。

私が一九五〇年代にミネソタ州東部の高校に通っていたころ、その州で石油が発見されたことがある。当初一大油田と考えられたが、結局、非常にマイナーな発見に過ぎないことがわかった。当時の石油産業を特徴づけていたのは、運、あるいは若干しか根拠がない当てずっぽうであった。試掘井の成功率は約一〇パーセントで、石油掘削に従事していた男たちは、コミュニティの中でも最も教育レベルの低い人々だった。

しかし、第三次産業革命が到来してから過去二十年ほどの間に、それはすべて変化した。石油産業は知識に基づいた知力産業となったのだ。石油会社は、三次元、そして今では四次元の音波探査装置を使って新しい油田をみつけ、水平ドリリングやハイテクの石油掘削用プラットフォームを使って、海底何千フィートの、最もアクセスしにくい場所からも石油を採掘している。サウジアラビアにあるアラムコ社の地球物理学センターには、二台のスーパーコンピュータが並んでいる。試掘井の成功率は、四〇パーセントから五〇パーセントへと急増し、そして石油が発見されれば、回収率、すなわち、ひとつの油田から採掘できる石油の量は二倍になっている。

石油掘削に「運の要素」はほとんどなくなった。北海やメキシコ湾で石油掘削に従事している人々の中に文盲の人はおらず、みな高度の技能を備えている。

バイオテクノロジーについて言えば、最近の人造の知力産業の中でも、おそらく最も革命的なものになるだろう。それは植物、動物、そして人類を改変する。人類史上初めて、これらのものが部分的に人工的に作られるのだ。

まず、遺伝病を治療するためにバイオテクノロジーが利用され、それから遺伝的特徴を改変し、「より良い」（より背の高い、より頭の良い、より容姿の良いなど）人間をつくるために利用されるだろう。こういった行為を許さない国があれば、グランドケイマン諸島やチャネル諸島などにあるバンキングセンターのように、国外のバイオテクノロジーセンターが出現し、国内では合法的に買えないサービスを提供するだろう。われわれが好むと好まざるとにかかわらず、おそらくそういうことが起こるだろう。

しかし、バイオテクノロジーだけが、二一世紀の新しい有望な産業というわけではない。日本の通産省は、二年ほど前に、将来最も重要と見なされる七つの産業についての政府報告書を出版した。そのなかには、マイクロエレクトロニクス、バイオテクノロジー、新素材、電気通信、航空機、工作機械、ロボット工学、コンピュータハード、およびソフトウエアが含まれていた。これらはすべて人造の知力産業である。このように日本の官僚たちは、ものごとが動いて行く方向性はわかっているのだ。重要な問題は、日本がこれらの分野での競争に本格的に参入できるよう、教育やインフラに対する必要な投資が行われるかどうか、ということだ。現在、この競争ではアメリカが大きな優位を占めている。

第三次工業革命の到来

新しい人造の知力産業のなかの、魅力的な分野のひとつとして、電気通信がある。この分野で現在進行している革命によって、小売業、教育、そしてビジネスを運営し組織化する方法などが根本的に変わるだろう。これが社会にもたらしてきた変化について、少し詳述してみよう。

小売業においては、十年以内に、事実上すべての店舗が閉められ、何でも電子的に買うための技術がそろうだろう。私の住むボストンでは、インターネット上で欲しいものをクリックし、食品雑貨でも、衣類でも、ワインでも、本でも、必要なもののほとんどを買うことができる。そして、その日の午後か翌日に配達してもらえるのだ。私は、電子株式仲買企業、E＊トレード社の役員をしている。この企業は、従来の仲買業の形態と競合している。また、私の銀行は、私に、小切手を切るのをやめて電子振込みシステムを使ってくれと言う。

次に車を買うときは、おそらく私は、自分の欲しい自動車を最低限の価格でみつけてくれる電子代理店を利用するだろう。私はただ、その車が納品されるのを待つだけでよい。ディーラーとの面倒な交渉は必要なくなるのだ。

また、高品質のインタラクティブ（双方向性）ビデオが、現在の紙のカタログやテレビショッピングに取って代わることになるだろう。私は自分のコンピュータでオンラインにアクセスし、買いたいと思っている製品について指示を出す。すると私の欲しい物の、鮮やかで、インタラクティブなデモンストレーションが出てくる。

さらには、金持ちだけでなく、だれもがモデルを「生で」見ることができるようになる。最新ファッションの高価なドレスを着て、風を切ってステージを歩くモデルたちを、家の中で見れるのである。当分の間は家庭用には高すぎるかもしれないが、ＭＩＴの発明者たちは、すでにスクリーン上で見るものをリアルに感じることができる装置を開発しているのだ。

流通についていえば、高価な小売用の立地が必要なく、ときには流通倉庫すら必要なく

（ワインはワイン醸造所から直接配送される）、販売員の人数もずっと少ない数で運営するので、電子的に購入する製品は、従来の店舗で買う製品よりかなり安くなるだろう。たぶん、在来型の小売業の一部は生き残るだろうが、それは非常に今とは異なった形態になるだろう。ショッピングには社交的な側面が大きい。単に最も安い値段で物を買うという問題ではない。アメリカのショッピングモールの中には、テーマパークのようになっているものがあり、そこではショッピングそのものが娯楽の一部である。店舗をもつ書店はコーヒーショップも併設することで、電子書店に対抗している。コーヒーを飲み、友人との会話を楽しみ、その後思いついたら本を買えばよい。電子的に買う本より高くなるが、人々は喜んでその代価を支払うだろう。

大学は何百年もの間、同じ方法（教授が黒板のある教室で学生の前に立つ）で授業をしてきた。しかし、安価な、高品質のインタラクティブビデオがこのパターンを変えていくだろう。シンガポールに設置されたミニチュアのテレビカメラをコントロールするジョイスティックを使って、私は地球の反対側のボストンにある教室にいながら、教室中を眺め、ボディランゲージを読み、私の学生たちにズームイン、ズームアウトすることができるようになる。ＭＩＴでは今、ボストン在住ではなく、全米に在住する学生たちに、システムデザインとマネジメントの修士課程を提供し、学位を授与している。もうすぐ学生たちは世界中に広がるようになるだろう。

この新しい教育の世界では、みな、どの学科でも世界一の教師の講義を聞きたいと思うだろう。ＣＤのおかげでパバロッティは世界に向かって歌を歌えるようになったように、電気通信のおかげで、もうすぐ最高の教師たちが世界に向かって教えることができるようになるのだ。すると当然あまり質の高くない大学は閉鎖することになる。今日あまり上手くないテノール歌手にとって市場がないのと同じである。

現代の会社は、面と向かい合って報告する必要性のある世界で発展した。このため幾つもの層からなる精巧なマネジメント構造が必要とされた。情報が指揮系統を上がっていき、命令が指揮系統を下がってこれるように、会社には本社が必要だった。しかし、インタラクティブビデオがあれば、上司が世界の反対側にいても構わないし、だれがだれに報告するかも、非常に今とは異なる方法で組織することができる。

今でもたとえば、ドイツのコンピュータメーカーの一部門、スウェーデンのシーメンス

・ニクスドルフ社にはオフィスがない。従業員たちはノートパソコン、車、そして家で仕事をしている。何層ものマネジメントが取り払われ、大規模な本社は放棄されているのだ。

出張についてはどうか。電子的に出張できるならば、タクシー、空港、飛行機、ホテルなどの経費を負担し、その上時差ぼけに苦しむ必要はなくなる。私は今でもすでに、かつて実際に出席していたイベントの、おそらく五パーセントぐらいは、電子的に出席している。そして将来、その割合はずっと高くなると思われる。われわれは電子的な対話に慣れるにつれ、相手と同じ部屋にいなくても、多くのビジネス機能が遂行できることに驚くだろう。

経済において、何が変わって何が変わらないかを決定する上では、社会学が技術と同じぐらい重要になるだろうから、電気通信が社会をどのように作りかえるかをはっきりと予言するのは不可能である。しかし、未来のビジネスの世界が、非常に今とは異なる様相をしているということはたしかだ。

資本なき資本主義は存在しうるか

共産主義の終焉は、資本主義の競争者を消滅させ、その環境を変質させた。そして知力産業の出現、すなわち第三次産業革命は、資本主義の本質そのものを変えている。

興味深い疑問は、最も重要な資本形態である人間の知識を所有することがもはやできないのに、それを資本主義と呼べるのか、ということである。たとえばマイクロソフト社のような大企業にしても、知識しか所有していない。そしてこれが、彼らの驚異的な成長の基礎でもあるのだ。しかし、その知識を本当に所有することはできない。再び奴隷制でも導入しない限り。今日では、人々は、頭の中にある資本以外に大した資本がなくても、非常に成功するビジネスを始めることができるのだ。

3. 高齢化と人口変動が社会を変える

世界は現在、人口学的に大きな変化を経験しつつある。世界人口は一九九八年初期にはちょうど六〇億人あたりだが、二〇三〇年までには約八五億人に達すると予測されており、世界の人口は、一九五〇年の二倍になっている。

ここに、難解だが避けて通れない問題がある。それは、これからの三十年ほどの間に増えると見積もられる二、三十億の人々を、果たして人類は本当に支えることができるのか、ということである。もし、現在の経済システムが継続するならば、主にアフリカやアジアの貧しい国々で生まれると予測される人々すべてを支えることはできない。水や食料の供給に対する圧力は、すでに世界の多くの地域で強まってきており、すべての環境汚染や環境退化の究極的な原因は人間であるため、エコシステムにさらに圧力がかかることは避けられない。

急速に増大する世界人口、そして主に世界の最貧国で増える人口、という大きな問題とのとり組みは、人口増大が起こっている国々に住む人々のみでなく、すべての人々に影響を与えるだろう。新たに何百万人もの人々が、生まれた国を離れ、より繁栄している地域へ合法的、あるいは非合法的に移住すると思われる。しかし、より繁栄している地域の人々は、何百万人もの無学な人々を必要としない。

できるだけ早く、何らかの措置をとらなければならないが、他国の出産率をコントロールすることはだれにもできないため、この問題に対する容易な解決策は見えていない。

もうひとつの人口学的トレンドは、人々がより高い生活水準を求めて、貧しい場所から豊かな場所へ移動する傾向である。輸送コストが非常に値下がりしたため、比較的貧しい人々でも、世界の反対側へ行くための航空券を手に入れることができる。そして共産主義の終焉とともに、今まで足を踏み入れることのできなかった国境が消え、ある地域から別地域への移動が、これまでより容易になったのだ。

そしてもっと重要なのは、最新の電子メディアにより、地球で最も原始的な村の人々でさえ、最も豊かな国の人々のライフスタイルをテレビで観察できるようになったことだ。貧困の中に生きながら、テレビでしばしば描かれる裕福な人々を見ることは、貧しい人々にとって移住したいという強い気持ちを起こさせる。実際、日本のような国でさえ、今や百万人ほどの非合法の外国人労働者がいると考えられている。

世界中で、大規模な人口移動が進行中である。問題は、各国政府がこの問題にどのようにとり組むかということである。このまま放置しておけば、結果として起こる低賃金と非常に劣悪な労働条件をもつ闇の経済が豊かな国々で成長し、表の経済を非常に混乱させることになるかもしれない。

世界の先進国は、発展途上国とは正反対の人口問題に直面している。低い出産率と停滞する人口は、当然社会の高齢化をもたらす。減り続ける労働人口によって支えられる年金受給者の割合がどんどん増えていく。この問題は、特に世界で最も長い平均寿命を誇る日本で顕著である。長い平均寿命と出産率低下の結果、日本は急速に世界最高齢の国になりつつあるのだ。二〇二五年までには、人口の二六パーセントが六五歳以上になり、またOECDでは、もし現在のトレンドが続けば、上昇する年金支出は、二〇三〇年までに対GDP比約二〇パーセントもの予算赤字を生み出すかもしれないと見積もっている。

この史上かつてない人口学的シフトの影響は、何重にもなるだろう。まず第一に、日本人にとって生活水準を向上させるどころか、維持することさえ非常に難しくなる。国民一人当たりの所得が高齢化する人口についていくためには、生産性の伸びがかなり急増しなければならないのだ。

高齢者優先へのシフト

今まで、高齢者数の増大がもたらす結果として、ほとんど無視されてきたが決して見逃せない重要な問題がある。人口の高齢化が政府予算に与える影響ばかりが注目され、民間経済にもたらす結果についてはほとんど忘れられている。しかし高齢者は、政府予算を変化させるとの同じぐらい、民間経済も変化させるだろう。そして今すでに、日本、そして他の工業国も、かつてないほどの購買力シフトの真っただなかにある。

これがビジネスにとって何を意味するかということは、これから創造的に探究すべきところである。高齢者は大きな購買力をもっているのだ。アメリカのような国では、六五歳以上の人々の所得は、過去二五年間で二倍以上になっており、一方、十八歳から三五歳の所得は半分になっている。そして、日本でもこのトレンドは、それほど極端ではないが同様なのである。

市場経済は、購買力のある人たちに奉仕する。ビジネスはますます高齢者に注目せざるを得ない。それによって、大きな利益をあげることになるだろう。

クルーズ産業がひとつのよい例である。最近、この産業のオーナーの多くが億万長者になっているが、何故、この産業が突然成功を収めることになったのであろうか。実は、このクルーズ産業は古くからある産業で、あのエジプトのクレオパトラでさえ、二千年前にクルーズボートをもっていたほどなのだ。クルージングは、お年寄りが休暇をすごすには申し分ないものである。しかも、彼らにはお金と時間がたっぷりあり、色々と面倒をみてもらう必要がある。クルーズ産業は、裕福な年金受給者にすっかり依存しているのだ。

高齢者は未来の市場になる。インターネットの技術がテレビと同じぐらい普及すれば、あるいは、リビングルームのテレビ画面上で、インターネットサーフィンができるようになれば、彼らは最大のインターネット買物客になるだろう。

広告業界も変化を見せるだろう。広告会社を経営している人々、特にテレビ事業者は、まだこの人口学的変化の意味を十分に理解していない。コマーシャルは若者たち、二十歳代から三十歳代初めの人々をターゲットにし続けている。二十年か三十年前には、それはたしかにターゲットにするべきグループだった。数が多かったし、総国民所得の大きな部分を占めていた。しかし今日、若い人々の実質所得は、彼らが全人口に占める割合が減るにつれ、停滞、あるいは減少すらしている。増えつつある膨大な貯金をもつ高齢者グループと比べて、このグループの購買力は小さい。

広告主にとって、高齢者の消費習慣を変えることは難しいかもしれないが、テレビの番組編成と広告が、ますますこのグループに焦点を合わせるようになることは疑いない。市場は若者であろうと年寄りであろうと、だれが製品を買おうと構わないのだ。市場は、大きな購買力をもつグループに奉仕するよう調節するものであり、社会は高齢者が優位を占めるようになるだろう。

これはビジネスにとってだけでなく、われわれが遠い未来に必要とされる投資をする能力や意志にとって、何を意味するのだろうか。そして、人口の大きな部分が、お金はもっているが働かないという社会の、社会的、心理的影響はどんなものになるだろうか。

4. 真のグローバル経済の台頭

第四の経済プレートは、国家経済から真のグローバル経済へのシフトである。私が『資本主義の未来』を執筆して以来、このシフトは強まるばかりである。そして、一九九七年から一九九八年にかけてアジアで金融危機が起こるなか、これらの国々がグローバル経済に含まれたことで、地球の表面が根本的に変わってしまったことがわかった。世界のどこかの国で起こった株式市場の変動が、すぐに他の地域の動揺を誘発する。問題の国同士の二国間、あるいは国際的な結びつきの本質とは関係なくである。今日、国家経済について語ることはほとんど無意味となった。今や世界経済は連結しており、経済的な意味では国境は浸食されているのだ。

今日の企業は、生産を、コストと労働力が世界中で最も安価な地域へ移転させ、最高の購入価格を提供する場所へその製品をもっていくことができる。人造の知力産業も、情報を容易に地球のあちこちへ移動させることができる。昼間、アメリカのシリコンバレーでモトローラのコンピュータプログラマーを働かせ、夜には、そのソフトウエアを地球の反対側のインド、バンガロールへ送って、さらにプログラムを続けさせればよい。生産は二四時間操業、生産地は何千キロメートルにもわたって広がる。こうすることで、製品を従来の倍の早さで市場に届けることができる。

外国人と働くことで成功を手にする

このグローバル経済へのシフトが、いかに過激なものかを理解している人は、現在のところほとんどいない。しかし現実として、「日本経済」という言い方は、「東京経済」を語るのと同じぐらい、意味がなくなってきているのだ。どこに住み、どこで働こうとも、どんなに自分がローカルな人間だと思っていても、だれもがグローバル経済に含まれるようになり、グローバル経済における変化の影響を受けるようになっている。今後、あなたの仕事仲間が世界の反対側にいるということもありえるのだ。

企業として、もし地球規模のビジネスゲームに参加したいのなら、有能な外国人を採用し、彼らに平等な成功のチャンスを与えなければならない。彼らを雇い、平等な成功のチャンスを与えることができなければ、会社の競争力は低下するだろう。今日、最も有能な労働者は、給料がよく、仕事のやりがいがあるところならどこへでも行くだろう。

日本の会社は、重要なポジションに外国人をほとんど置かない。ハーバード大学をひとつの例にとると、非常に有能で可能性に満ちた外国人学生でも、日本企業は雇おうともしない。この問題の多くは企業文化にかかわるものであるが、外国人を受け入れ、彼らに本当に公平なチャンスを与えなければ、二一世紀の支配的産業でリーダーシップをとることは難しいだろう。

グローバル経済は「建国ラッシュ」を生み出した

すでに言及したように、共産主義の終焉は、国の国境をシフトさせ、幾つかの新しい国の創出を助けた。経済のグローバル化もまた、この世界地図の書き換えに貢献してきた。

かつて経済学者たちは、高い生活水準を得たいなら、それに必要な規模の収入を達成するために、大きな国内市場をもつ経済社会に住まなければならないと信じていた。これは一九五〇年代の欧州共同市場の形成につながった理論の一部である。それは、ヨーロッパにアメリカが享受しているのと同じ規模の経済力を与え、したがって、平等な条件で競争する能力を与えると考えられていた。

しかし、グローバル経済の誕生とともに、香港やシンガポールのような小さな都市国家でさえも繁栄し、豊かになることが可能になった。たとえ国内市場がとるにたらないものであっても、大規模な経済にアクセスすることができる。巨大なグローバル市場へ輸出すればよいのだ。さらに、大きな国民経済ですら、ゆっくりと消滅し、国内市場と国際市場の区別はだんだん意味がなくなってきている。

この結果、裕福になるために大きな中央集権主義国家の規則に我慢している必要はなくなった。グローバル経済では、小さな国でも独立を達成でき、特殊化し、うまく生き残ることができる。天然資源はもはや重要ではない。天然資源ゼロの国でも、人材さえ開発すれば、グローバル経済では競争できる。

グローバルな問題に関して有効な政治的取引をするために、国の規模は大きくなければならないというのなら、NAFTA（北米自由貿易協定）、WTO（世界貿易機構）、ASEAN（東南アジア諸国連合）のような超国家的組織に加入することで、それを得ることができる。どこの国でも、そのような団体に主権の一部を与えるほうが、嫌いな隣国に支配されるより、よい選択だと思うだろう。

このように、今日どの国も、ほんの二、三十年前より自由に大国から抜けて、より均質的な小国を作るようになった。しかし、未来を考えるにあたっての重要な疑問は、これら数多くの小国は、必要とされる基礎研究やインフラに大規模な投資をすることができるか、そしてその意志があるか、ということである。これらの投資がなければ、経済、および技術的進歩は、失速してしまうだろう。小国は、必要不可欠な知識生産のコストと成果を分担する賢い方法を見い出さなければならない。

5. 多極化した世界のパワーゲーム

極めて重要な課題は、前述した新しい経済ゲームの共通ルールをどうやって定めるかということである。だれが、新しい一連のルールを作り上げるために必要なリーダーシップをとれるのだろうか。どんなゲームにも共通に認められたルールがあり、それに則ってプレーをする必要がある。この意味では、経済ゲームも例外ではない。共通のルールという枠組みのなかでのみ、公平で有意義な競争が行われるのである。

過去二百年間、国際社会にはいつも支配的な強国が存在していた。一九世紀にはイギリス、二〇世紀になると中心はアメリカへ移った。これらの超大国が資本主義ゲームのルールのほとんどを定め、みなそれに従った。他の国々は必ずしもそのルールを気に入っていたわけではないが、それでも利用できる一連のルールが存在したのだ。

来世紀のグローバル社会では、支配的な経済大国というのは存在しないだろう。アメリカでさえ、統合したヨーロッパや自信満々の中国に、そのルールを押しつけるほど強力ではありえない。たとえば、著作権侵害と知的所有権に関する問題は、地球規模の合意を必要とする。しかし今日、中国がアメリカによって提案されたとおりのゲームをしたくないと思うなら、もはやアメリカに従う必要はないというのが実情だ。アメリカがその基準を中国に強制する方法はない。

現在、世界には統一的なイデオロギーもなければ、有能なリーダーもいない。資本主義は世界中で奉じられているイデオロギーかもしれないが、これは統一や共有された基準といった方向へ進んでいっているわけではない。資本主義にはもともと、共通のルールや合意の形成に向かって働くという価値は組み込まれていないのである。

未来に向けてのもうひとつの問題は、グローバルビジネスのための健全な行動規範、つまり、すべての主要国が遵守することに合意し、世界的規模の経済危機解決のための協力を可能にするようなルールを確立することができるか、ということである。

新しい世界で古いルールは通用するか

二〇世紀最後の二五年間に、地球の経済的地表は、劇的に変化した。われわれは今、新世界発見の過程にある。しかし、まだ、昔ながらのルールに則ってゲームをするほうを好む人が多く、近年の日本もまさしくそのとおりである。日本経済を不況から脱出させようと、幾つかの総合景気対策が政府によって発表されたが、すべての対策はほとんど効果がなかった。たとえば公定歩合を下げるなど、企業投資を刺激するとされる古典的な経済ツールを使っても、望みどおりの結果は得られなかったではないか。

一九九七年に始まったアジアの金融危機も、一九九〇年代初めの日本金融危機も、主に昔のルールのままゲームを続けたことによって引き起こされた。アジアのしていたゲームは、国内経済が七~八パーセントの割合で成長し続けるだけの輸入ができるように、輸出を年率一五~二〇パーセント伸ばすことだった。これは一九五〇年代から六〇年代の日本のように、経済的に非常に小さな国ならとてもうまくいく。そして一九七〇年代、八〇年代の香港、シンガポール、台湾、韓国のように、もっと小さな国でもうまくいく。しかし、一九九〇年代に入るころには、もうこれはうまく機能しなくなった。グローバル経済が年約二パーセントしか成長していないのに、あまり多くの国々が輸出を年二〇パーセントも伸ばすことはありえないのだ。

このケースに当てはまる事柄として、現在中国がアジアで果たしている役割も挙げられる。中国には、他のアジアの国々より安くて教育レベルの高い労働者がいる。簡単に事業を中国に移すことができ、すべての点において中国のほうが有利であるならば、企業は、どうしてタイやインドネシアにいる必要があるだろうか。中国へ移れば教育は良いし、賃金は安いし、混雑度も少ない。結果、アジアにおける資本主義ゲームへの中国の参入は、成功するために必要なルールや戦略を、根本的に変えてしまったのである。

この一、二年間に東南アジアで起こった出来事によって、なぜアジアのゲームが終わらざるをえなかったのかがわかる。それは政府が無能だったからではなく、だれかが間違ったことをしたからでもなく、ただ、世界が変わりつつあり、昔のルールに則ってゲームをしても、もはや勝つことはできなくなったからである。

経済の重力にいつまでも逆らうことはできない。国や企業として繁栄したいと思うなら、新しいゲームのルールを学ぶこと、あるいは、むしろその創案を助けることが何より重要である。新世界がどんな様相をしているか、まだはっきりとは見えてきていないのかもしれないが、幾つかの航海技術を見極めることはできる。それはどんなビジネスであっても、新しい海の上を安全に航海させるのに役立つはずである。

探検家としての最大の興奮は、新しい土地の発見である。そして、新しい世界を発見するための新たな洞察に到達することである。その意味では、われわれの目の前に繰り広げられる世界には、多くの興奮に満ちた発見の可能性がある。

発見（discovery）とは文字どおり、視界から隠されていたものから覆いを取ることであるが、実はこの過程で、見る人、すなわち探検家自身が変わるのだ。新しい経済の現実を発見するということは、遠慮なく言うならば、そこでのプレイヤーとしてのあなたが変わるか、さもなくば廃業するかということを意味する。もちろん、この変化のプロセス、つまり、新しい航海技術を習得し高めることを、よけいなこと、あるいはビジネスを行う上での障害とみなすべきではない。むしろ、事業を合理化し、ビジネス技能を磨き、視野を広げて新しい現実を受け入れるための、歓迎すべきチャンスとみなすべきである。

第四章　未来への航海術

——新しい世界では、新しい能力を——

新たに生まれつつある経済学、およびビジネスの世界は、ある人にとっては恩恵を意味し、ある人にとっては破滅を意味するだろう。今後の新世界を悲観的に見る人もいれば、楽観的に見る人もいる。しかし、実はこのような区別は的外れである。重要なのは、何をするか、今日の世界の経済ゲームをどこでどのようにプレイするか、ということである。この変化に圧倒されるのではなく、成功の要因を理解して、状況を利用しなければならない。

昔のルールに従って仕事をし、昔の方法を使って航海し続けるなら、未来は悲観的に見えるかもしれない。しかし、状況を利用する方法、つまり、波に逆らうのではなく、波に乗る方法を知っていれば、新しい世界は楽観的に見えるだろう。もしあなたが伝統的な小売業者なら、あるいは伝統的な多層の官僚的組織なら、未来は悲観的に見えるかもしれないが、前途有望なインターネット小売業者、あるいは電気通信事業家なら、未来は有望に見えるということだ。

鍵となるのは、新たなビジネス環境で求められる航海技術を学ぶかどうかである。自分を有利な立場に置くことを可能にする航海技術。危険ではなく、チャンスに満ちた場所に自分を置くことができる航海技術。そういった新しいスキルを身につけるなら、あなたが実業家として抱く目標に近づけるだろう。

もうひとつの最も重要な問題は、自分自身を作り変え続けることができるか、ということである。ある産業で優位を占める企業が、これまでは非常によく機能してきた組織の基本的な特性や慣行に挑戦するのは難しいかもしれない。前にも述べたように、今日、トランジスターの主要メーカーは、それが取って代わった真空管のかつての主要メーカーではない。同じように、主要製薬会社は、必ずしも成長しつつあるバイオテクノロジー産業のリーダーではない。

昨日うまく機能したものが、明日もまたうまく機能するという保証は全くない。ビジネス――そのプロセスであれ、慣行であれ、製品であれ――を作り変え続けることしか生き残る道はないのだ。

今日の、天然資源ではなく知力に基礎をおく経済において、それぞれの産業に生まれ故郷というものはない。成功するために鉱山、その他の天然資源の埋蔵地の近くにいる必要はないからだ。一九世紀から二〇世紀半ばにかけての経済では、国の産業とは主に、鉱山、石炭、のちに石油など、天然資源へのアクセスによって決定されていた。豊富な農地をもつ国は、当然農業が経済の柱となった。どの国も多かれ少なかれ、世界経済における本来の場所、その国こそが当てはまる、そしてそこで繁栄できるニッチ（市場の隙間）をもっていたのである。

「今日はニッチビジネス（隙間産業）の時代だ」、と言う論者もいる。しかし、これはある意味では誤解を招く議論である。今日、人造の知力産業を地球上のどこにでも置くことができる時代に、本来のニッチなどというものはないのだ。われわれはこれから、「未来の主要産業における直接競争」と私が呼ぶものを経験することになるだろう。前章で述べた、未来の七つの戦略的産業が、すべての国々のターゲットになる。すべての国が、他のすべての国々と競争する可能性があるのだ。

今日、ニッチビジネスをする唯一の方法は、自分自身でニッチを作り出すことだ。そして、それができるかどうかは、すべて人材や人的資源にかかっている。人間のもつ知識と知力が、今日のグローバル経済では唯一の競争的優位となったのだ。

グローバルな世界には、グローバルなルールを

未来において、伝統的な意味でのグローバル政府、グローバルな支配者、あるいはグローバルな民主主義は存在し得ないだろう。しかし、新たなビジネス環境で起こる問題や論争に効果的にとり組める、グローバルな性質をもった、何らかの新しい機関や規定が必要である。

公平な条件で競争するためには、包括的な協調の枠組み、つまり共通に認められた、世界中のビジネスのための一連のルールが必要である。これは、今日の地点では存在していない。その結果、ビジネスや国の間でかなり不要な摩擦が起こっている。

たとえば、独占禁止法について考えてみよう。独占禁止法をもつ国ともたない国がある。そこで最近アメリカで最もよく知られたケースに、マイクロソフト社の競合会社各社が、マイクロソフト社はソフトウエア市場のほとんどを独占していると申し立てたという一件がある。しかし、個々の国の独占禁止法は、今日の世界ではほとんど意味をなさない。地

球規模の経済ゲームは、個々の国の独占禁止法に従わないからで、そういった規則とは違ったレベルで行われるゲームだからだ。

最近ヨーロッパが、ボーイング社とマクダネルダグラス社に合併してよいかどうか指図しようとしている。また、アメリカがヨーロッパに対して、キューバに物を売るなと指図している。しかし、今日そのような論争を解決する適切な方法はない。WTOはこれらの問題を克服するための枠組みもツールも提供していないのである。

知的所有権もまたホットな問題だ。そしてこれも、地球規模のベースで共通に認められたシステムをもたない分野である。アメリカは、中国の著作権侵害とアメリカの知的所有権の濫用を非難し続けている。しかし、ルールもなく、効果的な制裁を加える見込みもない限り、この問題は解決されないだろう。

われわれはグローバル政府をもたずに、何らかのグローバルな機関を発展させる方法を考え出さなければならないだろう。アメリカの人気映画、『インディペンデンス・デイ』のように、宇宙からエイリアンの侵略でもないかぎり、グローバルな政府が作られるとは考えられない。しかし、お互いに衝突せずに、グローバル経済の海を航行するための、包括的な一連のルールは必要なのだ。この基本的な地球規模の航海ルールに基づいて、国、企業、個人は、繁栄し、新しい経済を新しいチャンスの宝庫に変えるのに必要な航海技術を、真に取得するための方法を考え出すことである。

ビジネス成功を導く五つの航海術

新世界でビジネスをするのに必要と思われる五つの航海技術――あるいは成功の要因――について説明したい。これによってビジネス成功のチャンスは高まり、新しいビジネスの世界で適切な場所に自らを位置づけることができるだろう。この航海術はたやすく従えるものではない。経済の根本的変化に対処できるだけの技能を得るのは生易しくはないのだ。これはむしろ、あなたの置かれた状況や身を置きたいと思っている場所に応じて、あなたが自分自身でとり組み、修正しなければならない技術である。

これから説明する成功の航海術は、経済システム自体の改造の方法を伝えようとするものではない。新しいイデオロギーや新しい資本主義論の提示を企図してはいないのである。そういった問題は、後の章の方で論じることにしよう。この航海術が提示するものは、今世紀末を超えて企業が成功するために、必要不可欠なガイドラインと私が考えるものである。これらのガイドラインに従えば、危険な、あるいは不毛なビジネス環境に迷い込まずにすむかもしれない。しかし、それはあなたが世界の変化とともに自分も変化していくのだという出発の推進力、つまり探検精神をもっている場合にのみ、あなたを助けてくれるのである。

① 危機なき変貌

これからは、組織にせよ個人にせよ、変化を促進し歓迎すべきだというのは、ほとんど自明の理である。前章で説明した、共産主義や支配的な強国のない世界、大きな人口変動を経験する世界、そして、天然資源でなく知力に基づくグローバル経済への大きな移行は、変化し続けることの必要性を明白にしているはずだ。

しかし、ここで重要な問題は、深刻な危機に直面していなくとも、世界は根本的な改革にとりかかることができるか、ということである。グローバル経済における大きなシフトや変質が起こっているにもかかわらず、大企業や政治構造は、根本的な変化が必要なほどの深刻な危機に直面しているとはみなしていないであろうから。

これは特に日本に当てはまることだ。日本経済は、第二次世界大戦後、テクノクラートたちによって慎重に築き上げられ、慎重に計画されてきた。そしてそれは、十年ほど前までは、成功のためのすばらしい方法だった。だが今は、全く新しい世界なのである。日本は新しい経済を築かなければならない。しかし、それこそが、日本人にとっては非常に難しいことなのだ。

日本は、危機があってもなかなか変化することができないように思える。一九九〇年代初めのバブル経済の崩壊は、あらゆる尺度において大きな危機だったが、その後の社会の基本的要因はほとんど変わっていないようだ。景気後退、不況といった言葉は、しばしば日本のメディアに登場するが、だからといって、システムを根本から見直す動きを誘発するほどの緊迫感は存在しない。特に政治の世界では、何も変わっていない。官僚に支配されたシステムを、徹底的に作り変えるために必要な政治的リーダーシップをとれる人は、だれもいないようである。

あるいは、一九九八年四月に始まった、日本の金融ビッグバンのケースを考えてみよう。これは、深刻な危機がなくても根本的変化を引き起こそうという、日本政府の企てのように見えるかもしれない。しかし、最初の章でふれたように、本当に物事が変化するのかどうか、世界はまだ様子を伺っている段階なのだ。世界のオブザーバーのほとんどは、日本のビッグバンは、ビッグバン（大爆発）というより、ため息のような小さくもの悲しい衝撃程度で終わるのではないかと予想している。マイナーな調整と新しい法律の制定がいくつか行われるかもしれないが、全体的に見て、結果は、行政当局によって示された崇高な目標に及ばない可能性が大きい。通常なら「大爆発」には四年もかからず、ほとんど瞬間的に起こるはずである。

企業の生まれ変わり

政治および官僚の構造は「変化」に非常に抵抗する。いかに大きな危機があっても、日本が世界地図から消えることはないであろう。ところが経済的な意味では、最近のアジアの金融危機からもわかるように、ある国が突然、グローバル経済の主要プレイヤーから、投資家やビジネスが避けて通る事故多発地点になってしまうことはありえる。よって、企業にとっては、今、切迫した危機なき変化を遂げる必要性は、政界のそれより、ずっと緊急で死活的な問題なのである。今日の適者生存の資本主義における成功の基本的条件は、絶えざる変化である。究極的に言えば、変わるか死ぬか、である。そしてもちろん、賢明な企業のリーダーたちは、政界とは全く異なる考え方をするであろう。彼らは変化をチャンスと考える。恐れるものではなく歓迎すべきものとみなすのだ。

しかし、危機なき変化ができないために、世界最大の、一見最も成功している企業でさえ、その幾つかが消滅の危機にさらされたことがある。

この典型的な例がＩＢＭ社である。ＩＢＭ社は、あまりにも長い間、いわゆる大型オフィスコンピュータの世界を支配していたため、パソコンの到来によって拍車がかけられた革命にほとんど気づかなかった。確固たる基盤と膨大な売上実績をもつと思われたＩＢＭ社は、危機なき変化ができないまま、急激に発展してきたパソコン市場での競争で、自分たちがずっと遅れをとっていることに突然気がついたのである。ＩＢＭ社は、大きくプレステージのある成功した会社であったが、あまりにも従業員が多く、根本的に新しいアイデアが少なすぎた。そのため「変化指数」ともいうべきものが低くなりすぎ、しかもそれが生命を脅かすハンディキャップになることが痛いほどわかったのは、あまりにも突然であった。

それでもＩＢＭ社は何とか生き残ることができたが、今やこの会社は、コンピュータ業界の支配的勢力ではない。人々は、コンピュータ世界の革命について語ろうとするとき、マイクロソフト社とインテル社、コンパック社とデル社について語る。今日では、ＩＢＭ社はほとんど常に、こうなってはいけないことの例としてもち出される。

危機なき変化を遂げるには、組織を動かしている人々が先を見る必要がある。そして彼らは、資本主義組織に適用される通常のタイムスパンより、さらに先を見る力がなければならない。新しいビジネス領域、新しいアプローチを発見し、この先に見える状況の中に、潜在的危険のみでなく、生まれつつあるチャンスをも見極めるには、かなり長期的なビジョンが必要なのだ。これは企業の帳尻に反映される。近視眼的な資本主義が支配的な時代にあって、先見性と長期的戦略の計画は、企業の成功の鍵となりつつある。

生き残る労働者の条件

企業だけでなく、今や個人も危機なき変化の方法を学ぶ必要がある。人はしばしば現状に満足してしまい、変化すべき、また、新しい技能を学ぶべき直接のプレッシャーがなければ、多くの人々は変わろうとはしない。

しかし、たとえば未来の労働市場には、終身雇用制はなくなると思った方がよい。今日のアメリカ企業は、労働者たちに、「定年までこの会社に留まることを期待するべきではありません」、とほとんど最初から告げる。「あなたはこの会社で、一生のキャリアをもつことはできないでしょう。ですから自分自身のキャリアに責任をもち、管理するようにしなければなりません。毎年の定期昇給など、もう過去のことです」と。これが今の多くのアメリカ企業の、有言無言の基本的メッセージである。

日本では、状況はそれほど極端ではないかもしれない。それに、終身雇用制や雇用主と従業員の相互的忠誠心の要素も、ある程度残っているかもしれない。しかし、知力産業同士の直接競争が行われるグローバルなビジネス環境では、どんな会社も生涯のキャリアを実際に保証できる立場ではないのだ。どの会社が次の世紀の最初の二、三十年間を生き残れるか、だれも予言できないのだから。

個人の労働者にとっての危機なき変化とは、第一に、継続的に自分の技能を開発し、知識の蓄えを更新することを意味する。「三年前に訓練を受けたから、私はそれで十分だ」、というのは、現実には十分ではない。自分自身の教育及び再教育は、果てしないプロセスなのだ。また、そのプロセスによって、深刻な危機が起こったときも、うまく乗り越えることができるだろう。

② 技能教育と知識の革新

われわれを第二の成功の要因へと導くもの、それは知識と技能教育の重要性である。第三次産業革命とともに、これはますます重要になっている。蒸気と石炭が動力であった第一次産業革命のときも、電気によって駆動された第二次産業革命のときも、もちろん人々は技能や知識をもっていなければならなかった。そして、産業革命以前ですら、どんな商業的事業にも技能が必要だった。

しかし、そのころと今との大きな違いは、絶えず技能を更新し、今日存在する知識を補充する必要があることだ。一八世紀や一九世紀の職人や産業労働者は、ひとたび必要な技能を学んだら、ほとんど一生涯仕事に応用することができ、師弟制度は職人の教育制度であった。そして、ひとたびこの長期の厳しい学習期間を経てしまえば、自分自身をその分野におけるマスター（親方）と呼ぶことができた。

今では、組織のトップでさえ、新しい技能を習得し続けなければならない。収得すべきすべての知識を収得したマスターになれることは決してない。今日、成功と失敗の違いは、いくつかの磨かれた技能や正確な知識をもっているかどうかではなく、むしろ、新しい知識や新しい技能を絶えず習得することができるかである。

知力産業の時代、未来は知識の再創造にかかっている。未来の形を決めるのは、個人にとっては、絶え間なく新しい技能や新しい知識を学ぶプロセスであり、企業にとって、そして国にとっては、研究、開発、教育への投資である。

技能集約型技術へのシフトとグローバル経済の発展により、かつてビジネスにおいて適切だった技能が、急速に不適切な技能となりつつある。高卒の学位では、もはや十分ではないのだ。だれもがみな大学へ行く必要はないが、高校卒業後に適切な技能訓練を受ける必要がある。

残念ながら、アメリカは教育、特に長期的研究開発への基本的な財政援助を削減している。均衡予算を達成しようと、二年ほど前、民主党と共和党は、今世紀の終わりまでに研究開発費を三分の一カットするという合意に達した。これは今日の世界では全く意味のないことだが、現在アメリカ政府はそうしている。

しかし、二一世紀のニーズのための適切な技能訓練制度を作る努力を怠れば、将来、二重のペナルティーを払うことになるかもしれないのだ。競争の激しいグローバルビジネスの環境では、企業は、より教育レベルの高い労働者を確保している競合会社に負けてしまうだろう。そして、国内的には、社会における不平等の拡大という危険を冒す。経済のグローバル化とその知識集約的な性格によって、非常に高賃金を得る高い技能をもつ知識労働者と、実質賃金が下がっていく技能をもたない肉体労働者との間で、社会における分極化が進む可能性が高くなるのだ。このギャップがあまりにも大きくなると、社会システムに亀裂が現れるのは避け難い。

われわれには、これに関して経験主義的実験をする余裕はない。それよりずっとよい方法は、企業も政府も、人口全体の技能と知識を、より高いレベルへ引き上げるために必要な投資をすることだ。

不平等と社会的摩擦増大のシナリオ――これについては次の章で詳しく述べる――を避けるために、われわれは自らに必要な戦略は何か、そしてそれをどのように実行するかを問わなければならない。

技能教育と知識の創出について語るとき、未来に向けてわれわれが重要としている基本的なブレイクスルーと、従来やってきたことを漸次向上させていくだけの単なる知識の漸進的進歩との間に、区別をつける必要がある。すなわち、ブレイクスルー知識と、知識の二義的向上との違いである。その例として、半導体チップの発明は、基本的なブレイクスルーであり、32K半導体チップから64K半導体チップへの移行は、知識の二義的向上であった。

戦略の一部として、技能が熟練されてない労働者を可能なかぎり熟練させているか、という問題がある。日本に住んでいる人は、その質問に対して「イエス」と言えるが、アメリカはそうではない。技能教育の分野では、日本には長所と短所がある。長所は、日本の熟練されてない労働者は、おそらく世界の熟練されてない労働者のなかで最も教育レベルが高いことだ。しかし、熟練労働者については、状況は全く異なる。

日本の教育システムは、すべての人に非常に高レベルの基本的知識と標準的教育を与えるのがとても得意なのかもしれない。それは出発基点としてはよいが、今日の重要な問題は、その上に何かを加えているか、ということなのである。技術的に熟練された労働者のために、非学問的技能やブレイクスルー知識を開発しているだろうか。彼らにとって必要不可欠な特性は、基本的な現状的知識ではなく、むしろ、創造性と状況を変化させる技能及び知識である。従来の枠組みのなかで最適化したり最大化したりするのではなく、新しいものを創造する知識と技能なのである。

一般教育のしっかりとした基盤を創造することは、たしかに社会における不平等の問題の緩和には役立つだろうが、グローバル市場で効果的に競争するには十分ではない。わかりやすくいえば、学校の教室で習えるような技能や知識で、中国人と競争したくはないだろう、ということである。基本的技能をもち、どこでも低賃金で働くことをいとわない中国人はたくさんいる。しかし、新しい産業に必要な技能についていうなら、それは教室で習うものではない。競争的技能を育成し、絶えずそれを磨くことを可能にするような、高等教育と実践的技能訓練のための適切なシステムの創造が必要なのである。

ブレイクスルー思考を促進する効率的な技能教育システムがあれば、全く新しい産業や製品を創造するのに有利な立場に身を置くことができるであろう。新しいチャンス、つまり、世界との競合をあまり心配しなくてよい分野を生み出す経済を、築くことができるのである。他に類似する産業、あるいは製品が存在しないからだ。これは、アメリカのバイオテクノロジーの場合に非常によく当てはまる。アメリカはこの分野では、現在非常に独占的な立場にあるため、あまり世界とは競合していない。そのため、バイオテクノロジー産業を開発している企業は、他の国での競争にはほとんど注意を払っていない。

この新たな教育戦略のより難しい部分は、実行の方法である。二一世紀のための教育システムを、実際どのように築くか。簡単な答えはないが、ある意味でこれは、危機なき変化をもたらすことができるか、という問題に関連している。表面的には非常にうまく機能しているようにみえる教育制度の基本を、日本人は変えることができるだろうか。それを始めるときはまさに今なのである。今、長期的展望とグローバルな視野をもって教育制度を再建し始めなければ、来世紀のビジネスの海は、非常に荒々しいものになるだろう。

③ グローバルな視野をもつ

成功の航海術の第三のポイントは、ビジネスにおいてグローバルな視野をもつ、あるいはそれを発展させる必要性である。

日本にとって、これもまた未来に向けての重要な課題である。日本のビジネスは世界中で物を売っているので、日本人はグローバルな視野をもっている、と考える人もいるだろう。しかし私は、必ずしもそれをグローバルな視野とは呼ばない。

ビジネスとしてグローバルな視野をもつということは、国や人種にかかわらず、世界のどこからでも最高の人材を雇って、自分の会社で働かせることができるということである。

日本の会社がMITやハーバード大学のような世界最高の教育機関へやってきて、最も優秀な卒業生たちを雇うことができるだろうか。残念ながら、今の時点ではそれができない、あるいはしたくないように見える。そして、最も高度な技能をもつ外国人は、日本へ行きたがらないのも事実だ。彼らがいかに優秀でも、トップへ昇進する平等なチャンスを与えられないからだ。

真にグローバルな会社では、最も才能のある人々は、出身国に関係なくトップへの昇進が認められる。

コカコーラ社を例にとろう。この繁栄する多国籍企業を長年経営していたのは、キューバ人のロバート・ゴイズエッタである。貧しい労働者だった彼は、アメリカで運を試そうと、キューバから脱出した。彼はエール大学で化学を学び、化学者としてコカコーラ社に入社した。他の新社員たちと同じように、組織の最下層に入ったのである。しかし、彼の技能と野心、そしてコカコーラ社によって提供された環境によって、彼は階段を昇り、CEO（最高経営責任者）にまで登りつめ、昨年亡くなるまで、競争の激しい飲料市場で、二十年ほどこの会社を指揮したのだ。彼は、単にトップとしての仕事に最適の人物とみなされたゆえに選ばれたのである。

コカコーラ社では、ある時点で、ドイツ人がコカコーラ・インターナショナルの会長、南アフリカ人が取締役首席副社長、そしてエジプト人が最高財務責任者を務めていた。これが私のいう、「グローバルな視野をもつ」ということである。

あるいはペルーを見てみよう。ここでは日系二世が立身出世して大統領になった。日本ではそんなことが可能だろうか。在日コリアンの三世が、日本国籍を取得することさえ難しいのに、在日コリアンが首相になる可能性があるだろうか。

日本は非常に強い同質の文化をもち、それは日本人にとってはよいことかもしれないが、外国人にとっては入り込むのがとても難しい。そのことは日本のビジネスにとって、はなはだしいハンディキャップとなっている。

もしグローバルな会社を作りたいと思うなら、外国人を興味深いが異質なエイリアンとして扱うのではなく、彼らを歓迎するような、民族的に包含的な環境をもたなければならない。新しい経済におけるグローバル企業として成功したいのなら、最高のロシア人、最高のアメリカ人、ドイツ人、中国人を雇い、そしてそのロシア人にも、東大卒の日本人と同等に社長になるチャンスを与えなければならない。そして、もしそのロシア人が社長として最適であるなら、彼がＮＥＣや松下電器を経営してもよいではないか。

中小企業の場合、状況は少々異なる。世界中から人々を雇う可能性はあまりないかもしれない。しかしそれでも、グローバルな視野は必要である。世界中の出来事に関心をもち、ついていく必要があるからだ。お互いが結びついているグローバル経済では、たとえば仙台に住んでいてそこから一歩も出ない人でも、グローバル経済の一部なのである。地球の反対側の出来事でも、日常生活やビジネスの行方に影響を与えるかもしれないのだ。また、たとえ中小企業でも、インターネットやテレビ会議などの最新の電気通信手段を使って、グローバルに広がるビジネスを築きあげることができる。

④ グローバルエクセレンスの追求

「ベンチマーキング」は近年、マネジメント産業における流行り言葉になっているが、私がここで強調したいベンチマーキングは、通常人々がこの用語を使うときの意味より広義で根本的なものである。

日本の企業は、ベンチマーキングに非常に成功していると思っているかもしれない。しかし、彼らのベンチマーキングの定義は、およそ非常に狭いものである。第二次世界大戦後のベンチマーキングは、輸入産業製品を、日本でそれと同じような製品を作るために解体することを意味した。もっと最近では、国際的規模での、製造効率の比較を意味するようになったかもしれない。あるいは最近、ベンチマーキングの一形態として、グローバルスタンダード（世界基準）が盛んに議論されている。

しかし、いずれの場合にせよ、新しい経済の現実に見合うほどの斬新な定義ではない。必要なのは、実質的な生産性の比較であり、いかに迅速に目指す地域や市場に到達しているかの比較である。そして最も重要なのは、ビジネス慣行を、世界的規模で最高の慣行（ベスト・プラクティス）と比較することである。

ある意味で、日本人が目標とすべきものは、グローバルスタンダードではない。それでは不十分だ。その分野で世界最高の人と比較したいものだ。本当の、有益なベンチマーキングの特徴は、グローバルスタンダードへの適応ではなく、むしろ、グローバルエクセレンス（世界的卓越性）の探究である。地球で一番の企業から学ぶために――彼らのまねをするためではなく、卓越性を発展させるために――ベンチマーキングを利用すること。それが日本の企業において、真のグローバル・リーダーシップをとるということにつながる。それは二一世紀のビジネス環境で、指導的地位を達成するための唯一の方法になるだろう。

たとえ国内市場でのみ仕事をしている企業や個人でも同じである。そして卓越性の探究は、国内の企業とのベンチマーキングに限られる必要はない。ビジネスの規模にかかわらず、世界中の他の企業と比較する機会がいくらでもあるはずだ。ローカルな企業でも、雑誌、テレビ、インターネットなどによって、視野を広げ、グローバルエクセレンスを目指すことができるのだから。

⑤ 利益創出の場所と手段を知る

グローバル経済、そしてこの経済の最も貴重な資源である知識と情報を簡単に電子的に移転させることで、世界のどこででも生産、販売が可能になった。このビジネスを最大限利用するためには、どこでどのようにしたら最大の利益を得られるかについて考慮しなければならない。生産に最も適した場所はどこか。販売して最も利益をあげられる市場はどこか。新しい経済ゲームを行う適切な場所はどこか。

もはや、地理的要因による制限はない。企業は、コストを最低限にするために、製品のそれぞれの部品を世界中で購入し、コストが最も低いところで製造し、価格が最も高いところで販売し、できる限り最高の利益をあげることができる。単純に言えば、アメリカ企業や日本企業というより、グローバル企業になるということだ。しかし、これは大きな緊張を生み出すことになるだろう。国の政府はあるが、グローバルな政府はないからだ。

従来の企業は、その国のルールや規制、地元のやり方を厳守する力によって制限される。しかし、グローバル企業にはこのような制約はない。

第五章　人類に託された明日のシナリオ

われわれの探検を、さらに一歩先に進めることにしよう。経済の根本的変化は、新しい航海技術を身につけることだけでなく、さらに先を見ることを要求する。ここに、未来の世界の行方について、幾つかのシナリオがある。全く新しい経済の環境を作り出すかもしれないシナリオである。

『資本主義の未来』の中で、私は現在の状況を、生物進化論の用語を借りて「平衡断絶期」と呼んでいる。通常、進化はゆっくりと進むので、人間の感覚ではほとんど気がつかない。古典的な進化論では、自然の淘汰によって、長期間かけて適者の生存が準備される。その結果、われわれに見えるのは、DNAや、環境に棲息し優位を占める種の、漸進的変化のみである。

しかし、最近の研究で、これは常に真実というわけではないことがわかってきた。長い進化の歴史の中で、時折、突然の変化が起こる。優位を占める種が突然死滅したり、環境全体が天災によって変化してしまう。そのような突然の変化のケースのなかで、最もよく知られ、最も論じられることの多いケースが、約六千五百万年前に起きた恐竜の絶滅だ。地球上を完全に支配していた種が、ほとんど完全に消えてしまったのである。それに続いて地球上に一連の激しい環境の変化が起こった。

同じように文化的進化の歴史におけるいくつかの「革命」は、人間社会に突然の変化の時代を引き起こしてきた。約一万年前の農業革命は、仕事の概念、生き残りの手段、移動パターン、そして、社会組織と経済交流のシステムを完全に変質させた。科学革命は、特に地球の形態と宇宙におけるその位置について再考を余儀なくさせた。人々は宇宙の中心は地球ではなく、太陽なのだと主張して迫害された。

一八世紀と一九世紀の産業革命は、人類の歴史における最も偉大な変遷期といえる。蒸気機関によって、それまでより速く、遠くへ移動することが可能になり、大量工業生産が可能になった。そして、それまで支配的な社会システムだった封建主義は、資本主義とそれに競合するマルクス主義、そして後の共産主義に道を譲ることになった。

社会的・経済的な意味では、今日われわれはそのような平衡断絶期のさなかにいる。経済環境全体が、ほんの二、三十年前にはほとんど予見不可能だった力、五つの経済プレートによって変質させられてしまった。この時期に入ると、確固たるシステムや構造のほとんどが時代遅れになり、あるいは衰退してしまった。しかも、この変遷期の結果がどんなものになるか、まだだれにもわかっていない。多分昨今の資本主義的産業世界とは根本的に異なる世界になるだろう。

すべてが流動的で、二、三ヵ月先の出来事ですら予測が難しい。しかし、この世界で、特にビジネスの世界で仕事に成功したいと望むなら、先を見なければならない。この矛盾はどうしたら克服できるのか。

未来の世界の形について考えるためのひとつのツールは、シナリオである。今日の世界における変化を考察し、社会と経済の未来の形の概略を描く、幾つかの可能なシナリオを作りあげるのだ。しかし、未来を正確に予言するのは不可能であり、これらのシナリオはどれも実現しない可能性が高い。実際に現れる世界は、幾つかのシナリオの組み合わせか、あるいは全く異なるものかもしれない。しかし、シナリオを使って考えることによって、起こりうるいかなる変化にも備えることができるだろう。

企業であれ、国であれ、個人であれ、人はしばしば起こるとは予想していなかった、あるいは起こらないでほしいと思っていた変化に不意を襲われる。だから、楽観的なものも、悲観的なものも、いくつかのシナリオと可能性について先を見越すことは、現出しつつある新しい世界に、不意を討たれないようにするための最善の方法である。この章では、私は三つのシナリオを提示する。私はそれぞれのシナリオに確率をつけるつもりはない。どのシナリオが本当になるかは、大事なことではないからだ。だが、読者にはこれらのシナリオを、未来について考えるツールとして考えていただきたい。

〈シナリオ1〉不公平な世界――不平等の増大と地球規模の摩擦

今日、アメリカはその経済的成功にほとんど陶酔している。アメリカはグローバル経済で優位に立っているといわれ、インテル社やマイクロソフト社は、業界を完全に支配している。バイオテクノロジーはほとんどアメリカの独占であるし、今日ビジネス界で最もホットなものは、アメリカで発明されたインターネットだと言える。事実アマゾンブックスのようなインターネット企業は、瞬時に大富豪を生み出しており、世界中がこの成功に見習おうとしている。日本企業もヨーロッパ企業も、知識をベースにした市場志向となる未来の経済界で成功したいなら、もっとアメリカ企業のようにならなければならない、とアメリカに教えられ、また自らにそう言い聞かせてきたようだ。フランス人のようにそれを拒む人々は、最新の世界の現実を理解していないのだ、と告げられる。

特に資本主義の牙城アメリカにとって、今日が最高の時代であることは明らかだ。インフレも、物価も、失業率も、ここ数十年間見られなかったレベルまで下がっている。株式市場は急騰している。ニューヨーク証券取引所は、一九九七年夏に八千ドルの大台を超え、高値を更新した。株価は一九八七年の最低水準から、たった十年のうちに四倍になった。未来はバラ色で有望に見える。

たしかにすべてそのとおりだ。しかし、もうひとつの現実がある。まず、再びアメリカについて考察してみよう。過去四年間の平均GDP成長率は二・六パーセントで、一九八〇年代の二・八パーセントと一九七〇年代の三・二パーセントより低く、一九六〇年代の四・四パーセントよりはるかに低い。また、究極の経済実績の尺度であるアメリカの生産性伸び率は、過去十年間最低記録の年率〇・八パーセント、つまり一九六〇年代の率の約四分の一である。とかく騒がれているハイテク革命は、アメリカの数字的な経済実績には現れていない。

平均的な非管理職労働者の実質時間当たり賃金は、一九七三年のピーク時より一三パーセント低い。労働力の下位六〇パーセントの時給は、二五年前より少ない。家計所得は、夫婦共に年労働時間がずっと増えているにもかかわらず、一九八九年のレベルを三パーセント下回り、一九七三年のレベルをはるかに下回っている。国民の上位五分の一と、下位五分の一の所得格差は、これまでになく大きくなっている。少なくなる一方の上位所得者が所有する富は大きくなる一方である。この第二の現実を見て、どうして陶酔していられようか。

この厳しい経済的現実は、アメリカで最も際立っているが、日本でも幾つかの兆候が見られる。一九七三年以来生産性が一貫して増大しているにもかかわらず、平均的労働者の実質賃金はほとんど増大していない。昨年中ずっとGDPの伸びはかなり低かったが、突然、経済に変動が起こった。一九九七年第二四半期に、日本は二・三パーセントのGDPマイナス成長を経験したのである。もしこの傾向が続いたら、GDPは年一一・二パーセント落ちていただろう。日本の株式市場の未来も不確実な状態におかれ、株価レベルは一九九〇年に達したピーク時より六〇パーセント少ない一五、〇〇〇円あたりをうろつくと思われる。

アメリカであれ、ヨーロッパであれ、日本であれ、最上位賃金労働者の人々にとって、グローバル化と知力産業は、チャンスの拡大と賃金の上昇を意味するかもしれない。しかし、国民の下位三分の二にとっては、グローバル化はむしろ、世界の他の地域にいる低賃金労働者との競争を意味する。事実、日本の産業の多くが、生産を海外――マレーシア、台湾、インドネシア、その他のアジア新興工業国――へ移転しており、今や、ソニーのような有名日本ブランドの多くに、「メイド・イン・チャイナ」の印がついている。

知識ベースの産業へのシフトも、工業国の下位労働力にとって潜在的脅威である。重要な問題は、すでにふれたように、政府と企業はこういった労働者の技能教育に、必要な額の資金を投資する意志があるかということである。もしそうでない場合、彼らは二一世紀のハイレベルで知識集約型のグローバルな競争から締め出され、さらに低賃金の職に閉じ込められてしまうことになるだろう。

新しい経済の現実は、あなたがだれなのか、また、何が見たいかによって様相が異なる。ちょっと後ろへ下がって現実を直視すれば、金持ちがすべての利益を獲得している一方で、貧しい人たちは、ますます貧困へ向かっていることがはっきりとわかるだろう。工業国に深刻な不平等が存在すれば、その結果何が起こるかを考え、こういった不平等をできるだけ早く緩和するために努力しなければならない。さもないと、われわれの社会システムに深刻な亀裂が生ずるのは、単なる時間の問題ということになる。

しかし、実質賃金の下落は、概して年一パーセント以下と非常にゆっくりなので、気づきにくいかもしれない。社会の緊張はコントロールすることが可能である。発展のしかたがあまりにも遅いので、経済競争で苦戦している人々すら、実際に危機があることに気づかないからだ。しかし、われわれは社会不安が蔓延するという危険を冒してもよいのだろうか。分極化した、争いの起こりやすい社会によってもたらされる状況に、苦しむ用意があるのだろうか。マルクスが作ったイデオロギーが崩壊した後に、彼の予言したルンペン・プロレタリアートの増大と、その究極的な反乱が現実化したら、何という皮肉だろう。

このシナリオの実現する可能性は評価が難しいが、未来の予測に含めるべき可能性であることはたしかである。

内紛と国家間の摩擦を避けるために

もちろん、社会のなかだけでなく、社会と社会の間にも不平等拡大の危険は存在する。物理的には地図に記載されているが、グローバル経済の一部ではない国が幾つか出てくるかもしれない。経済的な意味では、これらの国々は、世界からほとんど完全に無視されるだろう。アフリカ、およびアラブ地域の多くの国々がこの危険に直面している。彼らは重要とはみなされず、回避されるか、単に無視されるかだ。彼らは電子的につながっていないし、需給のグローバルシステムにおいて重要でもない。これらの国々から世界の他の地域への大量移住の可能性を除いては、彼らはグローバル経済をリードする列強とは全く無関係なのである。

これらの国々が先進世界との軍事紛争――私たちはこれを「文明の衝突」と見なすべきだ――を引き起こす確率は非常に低い。武器の制作には資金がかかる。最新兵器にはさらに莫大な資金がかかる。資金をもっている人々が、今日のハイテク戦争で語るに値する武器も全部もっていることになる。

しかし、紛争の潜在的原因がもうひとつある。それは大規模な移住である。今後さらに、貧しい国から豊かな国へ移住する率は増大するだろう。この傾向はすでに、南ヨーロッパや北アメリカでみられる。ますます多くの人々が、北アフリカやアラブ諸国からヨーロッパへ移り住もうとしているし、アメリカには、メキシコからますます多くの移民が入ってくるだろう。彼らは希望とチャンスの土地と信じている国で、運を試そうとしているのだ。そして、不法労働者としてひどく安い賃金で働くことで、彼らは知らず知らずのうちに、アメリカ中の賃金を低下させているのだ。

アジアでも、何百万人もの人々が国境を越えて移動している。大規模な移住の恐れこそが、アジアにおける共同市場ができそうにない主な理由である。共同市場には、労働力と資金の流動性が必要だ。ヨーロッパでは、スペイン人は何の問題もなくドイツで働くことができるし、ドイツ人がフランスで働くこともできる。しかし、中国と日本の間の国境が完全に開かれたとしたら、どのくらいの中国人が日本へ移住して、本国の百倍も高い賃金を稼ごうとするだろうか。そうなれば、日本には日本人より多くの中国人が住むことになるだろう。アジアに自由貿易地域ができたとしても、移住の問題があるため、ヨーロッパでみられるような共同市場はできないだろう。

移住は、社会に緊張の増大を引き起こしている。オーストリア、フランス、スイスなどでは、多くの超民族主義政党がこれまでになく多くの一般投票を獲得したのも、その顕著な例のひとつである。反移民運動は急速に広がっており、ますます多くの工業国の人々が、国境を閉鎖するか、すでに在住する移民を追い出すことを喜ばしいことと考えているようだ。

国境を完全に閉鎖することはほとんど不可能である。そして、経済的不平等が地球規模で深刻化すれば、移住に関する問題も深刻化する。

このように、これからの世界の形に大きな影響を与えるかもしれない不平等には、二種類ある。ひとつは所得の不平等、もうひとつは国家間の不平等である。それでは、国内でも、地球規模でも、このような社会の分極化を避けるためには、いったいどうすればよいだろうか。

先進資本主義国内における重要な要素は、二一世紀に必要な技能訓練と教育インフラへの公共投資である。人は、自由市場経済の長所を誉めたたえるが、それによってわれわれの子供たちの未来に必要な投資が確実になされるとは限らない。これまで見てきたように、資本主義はほとんど未来には関心がなく、刹那的な利益の方にずっと関心があるのだ。大学卒業生を「生産」するのに十六年間もかかり、その結果もかなり不確実な教育のために、費用を喜んで支払う資本家がどこにいるだろうか。

個人的な行動が直接他人を傷つけるのでない限り、資本主義には自己抑制や公共の利益、コミュニティの利益に対する配慮を要求する根拠はない。しかし、長い目で見て資本主義が機能するためには、特定の個人の直接の私利私欲のためではなく、むしろコミュニティの長期的安定のためになる投資をしなければならない。貪欲、あるいは私利私欲は、これからやってくる時代のための健全な社会システムを築くには十分ではないのだ。

このことは結局個人の利益にもつながる。なぜなら、究極的な個人の生き残りは、その人の環境、つまりコミュニティの生き残りにかかっているからだ。われわれは個人主義と集団で行うことの間に、たしかなバランスを作りあげる必要がある。しかし、短期的個人主義という資本主義の原則を、長期的なコミュニティの利益と共存させたり、それを高めたりすることができるのだろうか。それは、社会の安定と経済的進歩を確実にするために、克服しなければならないジレンマである。

地球規模では、この問題はさらに重大性が増す。南北紛争では、北が容易に勝利するように思えるが、それは大量の移住が起きなければの話だ。「メキシコは、今ゆっくりとアメリカを再征服している」、というジョークがある。軍隊によってではなく、目に見えない不法移民の大群によってである。富める国が貧しい国との間にあるギャップを埋める方法を見つけなければ、テレビから情報を得て、安い航空券によって移動性を高めた貧国の人々は、富める国の戸を叩き、その分け前を要求するだろう。

〈シナリオ2〉エゴトピア——極端な個人主義と社会の分裂

人々が現在の経済システムへの不満を示す方法は、対立と紛争のみではない。離脱、つまり、社会によって提示された条件では、社会に参加しないと決意する人もいる。今後、ますます多くの低賃金労働者が社会から離脱することが予想される。彼らは競争力のある技能をあまりもっていないので、彼らを雇おうとする企業は少ない。しかし、多くの場合こういう人たちは、普通の社会経済生活に参加しないことを自ら選択しているのだ。世界中にいるホームレスはこのカテゴリーに属しており、工業化世界の多くの場所でホームレスの数は増えている。

東京の駅のそばに段ボールの家を建てている人々の数を見てもわかる。ここには、通常の労働市場からほとんど完全に自分たちを切り離してしまった一団の人々の姿がある。彼らは、日雇いの重労働や肉体労働をしているかもしれないが、より賃金の高い職や未来産業へのアクセスは完全に断たれている。彼らは非生産的で頼りにならないと見なされ、たとえ最低の賃金でも、大手企業には職を見つけることはできないだろう。ビジネスにおいて急速な変化が起こっている今日、一度システムから出てしまったら、再びシステムに戻るのはこれまでになく難しいのである。

宗教原理主義の陰

社会の分裂の結果起こるもうひとつの可能性は、新宗教と宗教原理主義の発展である。経済的不確実性、労働市場における激しい競争は、より多くの人々を宗教、そしてしばしば新奇で風変わりな精神主義を提供するカルトへと逃避させてきた。

アメリカ、日本、そしてヨーロッパでも、この二年ほどの間に、数多くの奇妙なカルトが周囲の社会とのつながりをすべて断つ現象が見られる。彼らはしばしば、中心的な教祖的人物の命令と気まぐれによって完全に閉鎖された自分たちだけの世界に生きているようだ。ときとしてこの離脱は比較的害のないものだが、多くの場合、信者たちにとっても周囲の社会にとっても、破壊的なものであることが証明されている。

日本のオウム真理教によって行われた神経ガス攻撃は、この現象の古典的な例と言えるだろう。オウム真理教の信者たちは、自分たちだけの法と規則の世界に住んでいた。社会の規範や基準とは関係なく存在している法である。セクトは、ただ自分たちの中に閉じこもっている場合もあるが、そのメンバーが、彼らの信仰に基づいて無作為に人を殺す場合もある。

かつて資本主義に代わるシステムは社会主義だった。今日、一部の人々にとっては、原理主義がその代替システムであるようだ。

分離した世界で「明日への投資」が危うい

また、地政学的世界は、だいたい同質的な民族グループをベースにした小国へと分裂しつつある。ユーゴスラビアがその例だ。そして、ある意味でこの国の解体は、前途に待ち構えているであろう未来の前兆であった。

過去において、多くの国やコミュニティをまとめていたものは、イデオロギーと共通の敵という概念である。ソビエト時代の論法は、「私は共産主義者であり、卑劣な資本主義者と闘う世界共産主義の一部である」というものだった。しかし、共産主義がなくなった今、旧共産社会がひとつにまとまっている理由も、外からの侵略者から自分たちを守る理由もなくなった。それは資本主義の国々についても言える。

さらに、シンガポールや香港のような非常に小さな国が、大きな国でなくても成功できることを証明した。フランス語を公用語とするカナダのケベック州について見てみよう。彼らは、三十年前には、経済的に繁栄するには大国の一部である必要があるので、高い生活水準を保つためにカナダの中にいなければならないと信じていた。しかし今日、だれもそんなことは信じない。昔でもそれは真実ではなかったが、今は確実に真実ではない。小国でも、大国とほとんど同じ条件でグローバル経済に参加できる。そして、もしこれができるなら、いつまでも嫌な隣国や民族に支配されている理由があるだろうか。

国境が貿易に対して開かれているグローバル経済では、そして、超大国同士の大きなイデオロギー的対立がない世界では、異なる民族グループが主権を主張することが、これまでになく容易になってきている。その結果として、多くの国々が生まれたり消えたりすることになるだろう。われわれは過去五十年間、国境がほとんど修正されなかったという意味で異常な時代だったことを忘れる傾向がある。

これからのトレンドとして、世界で国の数がどんどん増える動きがある。すでにふれたように、世界の幾つかの地域はすでに分離しており、これからもっとたくさんの分離が続くであろう。北イタリアは南イタリアを追い出したいと思っているし、インドのように民族的に多様な国は、今から二十年後には十五個の国になっているかもしれない。複数の民族グループをもつ中国についてはどうだろうか。古い中央集権的政権が崩壊したら、何が起こるだろうか。新たに生まれそうな国のリストは長い。あらゆる地域から世界は分裂しつつあるのだ。

国に関する限り、世界に自然な分裂のトレンドが存在することは明らかである。グローバル経済では、より小さくより近い単位でひとつのシステムが作り出せるのだから、遠くにいて人々の生活を支配する大きな政府をもつことに、何の利益があろうか。個人主義を説く資本主義イデオロギーの広がりとともに、ますます多くの人々が大きな構造から分離しているのは、不思議なことではない。

このような小国化への動きを歓迎する人々もいる。小国化した社会では、より安定した自治と、より大きな文化的アイデンティティを与えると考えるからである。しかし、長期的未来への集合的投資の必要性についてはどうだろう。小国では、政府、つまり政治システムには、近視眼的な資本主義勢力に釣り合うだけの力があるのだろうか。そして政府は、基礎研究や科学に必要なものを投資するための、手段と意志をもつことができるのだろうか。

殺伐とした未来のシナリオを回避したいのなら、何らかの集合的投資が必要だと私は信じる。本書の中で何回もふれてきたが、基本的な研究開発、インフラ、そして教育には、相当な規模をもつ政府からの、しっかりしたコミットメントが必要である。新しい産業と新しいブレイクスルー技術を生み出すような基礎的研究開発は、小国ではできないのだ。

小国にとっては、利益をもたらすかどうか、あるいは、いつ利益をもたらすかわからないものに巨額の資金を投資するのは、あまりにもリスクが高い。その一方で、アメリカ並みの大国では、投資したもののうち利益をもたらすのは一部にすぎないことがわかっていても、多様な未来志向の研究に投資する余裕がある。

再びバイオテクノロジーのケースについて考えよう。一九五〇年代、アメリカ政府は、そのころ「生物物理学」と呼ばれていたものに、かなりの額を投資し始めた。およそ三十年間、研究に巨額の公的資金が投じられた後、この産業はやっと民間企業にとって市場性、収益性のあるものとなった。大きな政府による継続的で大規模な資金提供がなければ、この技術がうまく生かされることはなかっただろう。

大きいほうが常によいとは限らないが、しかし、常にスモール・イズ・ビューティフルというわけでもない。小さな単位の方がうまくできることもあれば、大きな単位の方がうまくできることもある。そして、われわれの共通の未来に必要不可欠である大規模な集合的投資についていえば、ある程度の規模が必要なことは疑いない。

〈シナリオ3〉エコトピア——真の利他主義と「緑の革命」

環境問題は、近年多くの注目を集めている。特にヨーロッパではそうだが、アメリカや日本でもある程度それは言える。世界の人々は、自分たちが生存して、生産したものを楽しめる地球環境がなければ、グローバル経済をもつ意味がないと実感し始めている。人類は大きな環境問題に直面しつつあり、地球ベースの協調的行動が必要だという認識が高まっているようだ。

一九九二年に、いわゆる地球サミットがリオデジャネイロで開催され、さらに最近では、一九九七年十二月に京都が、地球温暖化に関する国連会議の開催地となった。世界のほとんどの国々の国民は、オゾン量の減少や地球温暖化についての知識がある。そして、ほとんどの人が心からそれを憂慮しているようだ。

したがって、未来のシナリオのひとつは、グローバル経済への動きによって拍車をかけられた、地球的利他主義と環境への関心の増大かもしれない。環境を守るために直接的な個人的欲求は棄て、また、富める国の人々は、貧国を助けるためにもっと一生懸命努力する必要があるという認識が、二一世紀の「エコトピア」の重要な社会的要因になる可能性がある。

これはここで扱われている三つのシナリオのうち、断然楽観的なシナリオである。しかし残念ながら、最もナイーブなシナリオでもあるようだ。願望に基づいた考えを棄て、今日の世界の主な出来事を一見すれば、このような社会が現在の経済システムのなかから出現してくるとは、非常に考えにくいことがわかる。

「地球認識」に何が起こったか

地球的認識が高まっている、あるいは何らかの形の地球的意識すら生まれているかもしれない、と言う人々もいる。インターネットの普及、格安航空券、観光旅行の増大、地球環境問題の認識などといった要因が、地球的認識の度合や真にグローバルなライフスタイルをもつ人々の数を増大させたように見えるかもしれない。

しかし、実際は、多少反対の方向へ進んでいるとも考えられるのだ。冷戦終結後にみられる興味深い現象として、海外のニュースに関心がなくなったアメリカの人々の例がある。この十年ぐらいの間に、グローバルな問題への一般の関心に大きなシフトが起こっているのだ。

私はかつて、ワシントンで行われたある会議で、ジョージ・ブッシュ元大統領とビル・クリントン大統領の二人と同席したことがある。二人の大統領の話の焦点がいかに異なるかを観察することができて、大変興味深かった。ジョージ・ブッシュがそのスピーチで話したことは、ほとんどが外交政策についてだった。一方、ビル・クリントンは、すべて国内問題に集中していた。このコントラストは、ある意味で冷戦終結後のアメリカで起こった変化を象徴している。よりグローバルになる、つまり、もっと世界に関心を抱くようになるのではなく、アメリカ人はその関心を国内問題に向けたのだ。

アメリカのほとんどの新聞とテレビ番組において、十年前に比べ今日の方が、外国に関するニュースが少なくなってきている。冷戦時代には、「狂気じみた」ロシア人が今何をしているかとか、ベルリンの状況とか、何らかの番組が毎晩放映されていたが、今では、世界のどこかで大災害でも起こらない限り、外国の問題がトップニュースになることはない。たとえばCNNは、そのニュース番組を完全に編成し直さなければならなかった。アメリカ人はもう二四時間ずっと海外ニュースを見るわけではないからだ。

そして、日本でも同じことが言える。この国は、いつも海外ニュースに乏しいことで有名だが、その実情は、主要新聞やテレビのニュース番組でさえ、世界の出来事についての内容のあるニュースは非常に少ないのである。

今日、アメリカや日本のような国の人々で、自分たちのことを「グローバル」だと考える人は、ほんの少ししかいない。海外旅行をすることを非常に快適に感じ、所得の一部を海外で稼ぐこともあるような人は、二〇パーセントぐらいかもしれない。彼らの多くが、自分たちのことを「世界市民」だと考える可能性は高い。それから、グローバル経済の現実にかろうじて順応しているだけの人が、さらに二〇パーセントぐらい。そして最後に、グローバル経済のゲームに全く参加できない人が大多数、おそらく六〇パーセントぐらいである。彼らは技能的に熟練度が低く、新しい経済の現実を利用する能力をもっておらず、そして、もちろん自分たちのことをグローバル市民とは考えていない。

しかし、産業国の政府がこの人たちに適切な技能を与え、中等教育後の教育制度を強化する努力をしなければ、このグループは他の二つのグループより大きくなる可能性がある。アメリカでは、パスポートをもっている人は人口の九パーセントにすぎない。人口の九一パーセントは一度も国を離れることがないかもしれないのだ。隣のカナダやメキシコにさえ行かない。

特に日本ではそうだが、海外旅行が増えていようと、それで自動的に地球的認識や他の国に対する根本的な理解が深まるわけではない。たとえばイタリアへ観光客として旅行したら、その国について何を学ぶだろうか。ローマのフォーラムやスペイン広場へ行って、たくさんの写真を撮るかもしれない。しかし、これは非常に表面的なイタリア文化との接触である。ツアーガイド以外のイタリア人と話すことはほとんどないし、イタリアの家庭や地元の会社を訪問することもない。そして、イタリア語を話せない可能性が高い。場合によっては、典型的なパッケージツアーは、新しい形の地球的認識を促進するというより、むしろ他の文化について、すでに存在しているステレオタイプを強化してしまうかもしれない。

どうやらわれわれは、グローバル経済は築いたが、お互いについてはだんだんわからなくなっているという、特殊な状況にいるようである。そして多くの場合、お互いのことをますます気にかけなくなっている。もし地球的認識、そして、その結果としての地球的利他主義が、社会を形作る主な要因となるとしたら、それが近い将来のことでないのはたしかだ。

「緑の利他主義」は芽生えつつあるか

共産主義と資本主義との闘いは、利他主義を利用することがいかに難しいかを証明した。それは一時は、社会主義システムによって実現されるはずであった。人は非利己的で無欲でなければならず、そしてコミュニティ全体のために真の利他主義を示すべきだった。低賃金と物質的生活水準の低下を受け入れなければならなくても、それは何よりも社会全体がより高い、より崇高な次元へ進むためなのであった。

ご承知のように、これは失敗を運命づけられた試みだった。人々が行動を起こすには、貪欲と私利私欲の方がずっと強力な動機づけであったし、今でもそうである。実際、共産主義システムの指導者たち自身が、その過程のどこか途中で崇高な理想を棄ててしまったようだ。

環境保護主義者たちは、利他主義を利用するための、もっと効果的で新しい方法をみつけるかもしれない。今度は人間のコミュニティではなく、自然環境に焦点を合わせて。そのようなところから、「緑の革命」が起こる可能性はわずかながらある。それは作物の収穫を高めるだけでなく、環境の「固有の価値」のために、人々が初めて物質的要求を棄てて、環境を大切にする意志を示すことである。しかし、最も熱心な環境保護主義者でさえ、意識や深く浸透した行動パターンを、このように劇的にシフトさせることができるかどうか非常に疑わしい。

ここへきて世界中の人々は、環境に関心をもち始めた。それは利他的、あるいは理想的な理由によるものではなく、自分たちに近い環境で、とても深刻な危機が起こっているからである。

現代の環境保護運動の推進者としてしばしば賞賛される『沈黙の春』の著者、レイチェル・カーソンは、まさにそういった地域的な環境危機、つまり、農業におけるＤＤＴの使用によって起こった目に見える破壊によって動かされた人だ。

そして後に、アメリカ人や日本人も、深刻な公害問題が起こったために、化学汚染を心配し始めるようになった。日本で最初のエコロジー運動のきっかけとなったのは、一九六〇年代の水銀中毒と水俣病である。また、カリフォルニア州の人々は大気汚染を心配し始めている。それは鳥や未来の世代を守りたいがためではなく、ロサンゼルス中心部をドライブしていて、自分たちの車から前の車がほとんど見えないからだ。

われわれは、環境における明らかな目に見える危機に反応するのは非常に得意である。しかし、そういった危機が起こるまでは、たいていほとんど何もしない。世界の人々に、緑の保護者であるべきだとか、出生地、民族、文化にかかわらず、高い道徳的理想や利他主義によってお互いをサポートするべきだと説くのは、非常に難しいと私は思う。

本当の環境問題とは何か

エコロジーや環境問題について語る場合、三つのタイプの問題を区別することが重要である。

まず、天然資源の枯渇については、これが実際に起こっているという証拠はない。石油はこれまでになく豊富だし、ほとんどの天然資源の価格は史上最低に近い。しかし、たとえひとつ、あるいは幾つかの天然資源について、資源の枯渇が起こったとしても、そういうことは市場、つまり資本主義システムがとてもうまく対処するだろう。石油がもう少しでなくなりそうになれば、石油価格が上昇して、企業が燃費のよいエンジンや代替燃料を開発するだろうし、銅が完全に枯渇する危険がある場合には、この資源の価格上昇が、自然に光ファイバーや無線通信への移行を早めるだろう。たとえ資源の枯渇が起こったとしても、現在の経済システムの範囲内で処理することができるのだ。

食料のような重要な資源でさえ、本質的な問題ではない。もし本当に必要なら、もし本当にわれわれが欲するなら、十分な食料を作って世界に供給することはできるのだ。もしそうしたければ、サウジアラビア全体で食料を育てることも可能で、海水を潅漑用に脱塩すればよい。問題は単に、必要な投資をする意志があるかどうかということだけなのである。おそらく二一世紀にも餓死する人がたくさんいるだろう。しかし、それは十分な食料を作ることが技術的に不可能だからではないのである。

世界的な人口増加はたしかに大きな問題だが、それは主に食料資源の点からではない。むしろ人口増加に関する最大の懸念は、ライフスタイルによって、環境に長期的圧迫がかかるという問題である。世界のすべての人が、アメリカ並みの生産性と、日本並みの規律正しさと、中国並みの消費高をもっていると仮定しよう。そうすれば世界は何人養えるか。私にはその答えはよくわからない。おそらく一千億人ぐらいだろうか。一方、すべての人がアメリカ並みの消費をし、生産性はエチオピア並み、社会的規律はウガンダ並みだとしたら、世界はすでに著しく人口過剰である。

二番目のタイプの環境問題、河川や大気の地域的汚染については、政治が非常にうまく対処している。人々は生活に余裕ができると、もっときれいな空気、もっときれいな水を政治家に要求するようになる。彼らは下水が地元の川に直接流れ込むのを嫌い、大気汚染のせいで子供たちが喘息に苦しむのも嫌う。東南アジアの比較的貧しい国々でも、一九九七年にインドネシアで起こった長期の森林火災による汚染問題に対し、各国政府は非常に断固たる態度でとり組んでいる。これは地域汚染の問題に、地域政府が国境を越えて迅速に対処したケースである。

資源の枯渇に対しては市場がうまく対処し、地域汚染に対しては政府がうまく対処する。本当の環境問題が発生するのは、オゾン量の減少や地球温暖化のような、長期の、ほとんど目に見えない環境の変化について考える場合である。資本主義の短期的視野の問題が何よりも深刻なのは、このような地球規模の長期的環境問題においてなのである。

オゾン量の減少や地球温暖化について、資本主義社会は何をするべきか。これらは経済的に定義するのが非常に難しい問題である。資源枯渇の場合のように、自動的に価格上昇に結びつかないからである。また、地域的汚染問題のように、解決可能な、明確で目に見える危機も提示しない。地球温暖化の場合もオゾン量の減少の場合も、おそらく五十年から七五年のタイムフレームの話だ。われわれが今行っていることが、半世紀以上先の環境に影響を与える。そして、両方の場合について、もし何の措置もとられなかったら何が起こるかについて、多くの不確実性や危険性が存在する。

資本主義的意志決定を行うならば、そのような問題を防止するために、たとえば企業は何をするべきか、という質問で返ってくる答えは非常に明白である。それは「何もしない」である。これから五十年後、百年後のマイナス効果がいかに大きかろうと、現在のビジネスへのインパクトはゼロなのである。現在の価値、あるいは未来のネガティブな結果のインパクトが現在ゼロなら、これらの問題の防止のために今日多くを費やすのは、資金の無駄であろう。しかし、真の問題は、これから半世紀後に、もしこれらの問題が本当に顕在化した場合、つまり、氷冠が本当に溶けて海面がかなり上昇してしまったら、状況を好転させるにはときすでに遅し、ということである。

環境の悪化を防ぐために大規模な努力が必要だが、悲惨な結果があまり目に見えず、非常にゆっくりとしかやってこないのに、どうやってその対策に人々を動員するのか。二〇七五年までそれを防ぐために、今、本当に喜んで高い税金を払い、より多くの代価を払うつもりがあるのか。

もし地球規模の環境問題が現実なら、長期的な予防措置が最重要課題になる。もし人類が何もしなければ、いつか、変化した地球環境では生きられない世代がやってくる。しかしそのときには、彼らが自分たちの絶滅を防ぐために何をしようと、すでに遅すぎる。今日のわれわれの経済システムのあり方では、それぞれの世代が適切な資本主義的決定を行うことになるが、このままでは、最終的な結果は、社会的集団自殺かもしれない。

建設的なシナリオに向けて

未来に備えるためには、今日の成功のために必要な航海技術を習得するとともに、先を見て、将来の社会経済システムが根本的に変化する可能性について探究しなければならない。ここに挙げた三つのシナリオのどれか、あるいはいくつかの組み合わせが起こる可能性に備えておいてほしい。これらのシナリオの一つひとつには、潜在的チャンスのみでなく、潜在的危険が含まれているのだ。

われわれがどこへ向かっているのか、だれもはっきりと断言することはできない。そして私も可能な、あるいは起こりそうなシナリオをすべてここに記したと主張するつもりは全くない。また、このシナリオのうち、どれが特に好ましいとも思っていない。しかし、先を見て、広範な起こりえるべき出来事に備えることは、二一世紀初めの経済探検の中で、破滅せずにすむチャンスを高める唯一の効果的方法だと考える。すでに何回も言及してきたように、未来という視野は、資本主義、つまり今日の経済政治システムに欠けている、最も重要な要素なのだ。それでも、何らかの形で未来の展望をわれわれの思考や行動に再び導入することができなければ、この先の波に乗るのは、非常に難しくなるかもしれない。

しかし、絶望することはない。われわれは自分たちの取る行動にかかわらず、結果があらかじめ決定されているギリシャ悲劇の出演者ではないのだ。意志さえあれば、経済、及び社会システム、あるいは環境の未来の発展に影響を与えることができる。シナリオとは受動的に反応しなければならないものではない。だれもが、もうひとつの未来のためのシナリオ創造の過程に積極的に参加することができるし、そうしなければならない。

本書の最後に建設的なシナリオを提示し、より安定した、より永続的な社会の輪郭らしきものを探検することにしよう。

第六章　建設者のイデオロギー

——サロー流「明日のシナリオ」——

目標を失った経済大国

　第二次世界大戦直後、日本もアメリカも、未来のビジョンや目標を明確にしようと思い悩む必要はなかった。日本の目標は明らかであり、それは「第二次世界大戦の破壊からの再建」「経済的にアメリカに追いつく」である。アメリカでも、目標は同じぐらい明らかで、それは「共産主義封じ込め」であった。そして、半世紀もの間、日本社会もアメリカ社会も、将来どうあるべきかを真剣に問う必要はなかった。必然的に建設者のメンタリティが求められていたのだ。新しい日本の建設のために、そして民主主義と資本主義を守るために、教育、インフラ、研究開発への膨大な投資が行われなければならなかったのである。

　しかし、前述したように、一九九〇年代の初め、共産主義は消滅した。それは内側から崩壊し、この世から消えてしまったのである。そして、その唯一の未来における重要性は、歴史書に載ることだけだ。そのため、大恐慌が始まって以来初めて、アメリカには明白な課題というものがなくなったのである。

世界銀行の公式的概算を信じるなら、国民一人当り実質GDPについて言えば、一九九〇年初期までに、日本はまだアメリカに追いついたとはいえなかった。標準購買力平価概算では、日本はアメリカのレベルの約八五パーセントである。しかし、これらの数字が計算された方法を考えれば、一五パーセントの差はあまり重要ではない。どのように測定するかによって、結果に大きな違いが現れるからだ。

一人当りの住居空間の平方メートルを重視すれば、日本の一人当りのGDPはアメリカのそれをずっと下回る。日本でアメリカ並みの空間を買うには、莫大な所得が必要である。逆にアメリカは、健康管理に日本の二倍もお金を使うが、健康統計では、アメリカ人の寿命は日本のそれよりずっと短い。だから、もし健康を重視すれば、この二つの国の立場は逆転することになる。アメリカ人が無駄に健康管理にお金を費やしているGDP八パーセント分を差し引き、より健康で寿命が長い日本にその違いに相当する数値を上乗せすれば、日本の一人当り実質GDPはアメリカより高くなるのだ。単純な通貨価値を使えば、一九九七年末、日本の一人当りGDPはアメリカのそれを三一・四パーセント上回っていたことになる。

事実上、日本はアメリカと経済的に対等になるという目標をすでに達成しており、「追いつくこと」は、もはや未来のためのビジョンとして、また、何をすべきかの指針としての役目を果たさない。一九三〇年代の第二次世界大戦の開始以来から現在に至って初めて、日本は、行くべき明白な場所というものをもっていないのである。

同じように重要なのは、アメリカにとっても日本にとっても、二〇世紀後半にうまく機能したものが、二一世紀の前半には機能しなくなるだろうということだ。この二つの世紀は非常に異なったものとなるだろう。

今まで見てきたように、資本主義には、もはや軍事的にも経済的にも競争相手はいない。知的資源とそれに基づく産業は、経済の主軸として自然資源をもとにした従来の産業に取って代わった。経済のグローバル化、地球の人口変動、世界のパワーゲーム、すべては全く新しい姿で二一世紀を迎えようとしている。

どう考えても、これは「新時代」としか言いようがない。たとえ日本のバブル経済が崩壊しなかったとしても、あるいは金融政策の失敗や混沌が発生しなかったとしても、明らかに新時代に向けての新たな戦略を定めなければならない時にきているのだ。

歴史に残るリーダー、歴史に残る国

アメリカではよく子供に、「大きくなったら何になりたい？」と聞くが、それに相当する国への問いは、「二一世紀にはどうありたいか」、あるいは、「歴史にどのように記憶されたいか」であろう。

ドイツのヘルムート・コール首相を除いては、現在の各国の指導者たちは、だれも、自分たちについても国についても、その問いに答えることはできないだろう。コール首相は、自分がドイツを再統一した男として歴史に残ることを知っている。そして彼はまた、ヨーロッパを統一した男としても歴史に残るように、ヨーロッパ統一通貨、ユーロを盛んに押し進めている。

それとは対照的に、もしクリントン大統領に、「あなたは歴史の砂にどんな足跡を残したいか」、と聞いたら、彼は答えられないだろう。その結果、彼は歴史の砂に足跡を残さないことになりそうである。彼がなすことは、すべて時の砂によってすぐに埋め尽くされ、彼は忘れられてしまうだろう。ほとんどのアメリカ大統領や日本の首相と同じように。

われわれが歴史書で学ぶ社会について考えてみると、それは建設者、通常、帝国の建設者の社会である。今日では地理的な帝国が新たに作られるということはないが、今後歴史にその名を残す人々とは、知的帝国を建設した人々であることはたしかである。

バイオテクノロジーの帝国とは、人類史上初めて、植物、動物、そして人間が部分的に人の手によって作られることを意味する。まず、遺伝子病が治療され、その後、より良い(より大きい、より頭の良い、より美しい)人間が作られるだろう。単純にいえば、歴史に残る人々は、人類の未来を左右するブレイクスルー技術を発明する人たちである。

旅行者としてわれわれは、ピラミッド、パンテオン、ローマ帝国、マヤの都市国家、ゴシック教会、万里の長城、タージマハル、アンコールワットなどを訪れる。今から一千年後には、その時代の観光客はどこを訪れるのだろう。だれが、耐久性があって、見る価値があるものを建てるのだろう。今日のインフラのうちの何が、歴史的遺産として見なされるのだろうか。

日本の不景気と、一九九〇年代のバブル経済崩壊後に残された失敗の後始末がなかなか進まない大きな理由は、日本がどこへ行くべきかについてのビジョンが欠如しているところにある。繁栄への回帰の道のひとつは、相続関連の法律、米に関する法律、日照権に関する法律、そして地震関連の法律を変えることだろう。これらの法律があるために、日本はオランダのような人口密度の高い国でさえみられるような、広い住宅空間をもつことができないのだ。

もうひとつの繁栄への回帰の道は、インフラ整備を中心に切り拓くことができるかもしれない。あるいは、国民をより創造性豊かにして、大きなブレイクスルー技術を生み出せるように、その教育システムを改善することに力を注ぐのもよいだろう。目標そのものは厳密にはいとわないが、目標をもつことが重要であるのは言うまでもない。

建設者とは、問題の解決方法を見い出すと同時に、かつて問題と思われたことでもチャンスに変えてしまう能力を備えている人である。輸出主導型成長の時代は幕を閉じた。このような経済ゲームが可能だったのは、わずかな国々だけがそれに参加するのみで、ソ連をはじめ他の多くの国々は依然として社会主義や共産主義を信奉していたからだ。

世界経済が年二・五パーセントしか成長していないのに、各国の輸出が年に一五～二五パーセントも増大することは不可能だ。しかし、アジアでだれが最初にその現実を認識し、国内牽引型成長に成功する新しい戦略を明示するのだろうか。

人間の本質は消費にあらず

歴史は明らかである。歴史に残る社会は建設者の社会である。ときには建設物は物質的なものの場合もあれば、知的なものの場合もある。しかし、人類の記憶に残るのは常に建設者なのだ。決して消費者が歴史に残ることはない。

これを理解するためには、人間と他の動物の本質的な違いを探る必要性がある。われわれを地球の支配者にしているのは、ライオンを百獣の王にしているような特徴（強さ、速さ、殺す能力）をもっているからではない。消費への欲望でもない。どんな動物でも、食糧を確保し、雨風をしのぎ、捕食者から身を守りたいと願っているのだから。

人間は本来、道具を作る動物である。道具を作るのは、一部は生活を楽にするためだが、それだけなら人間に特有のものではない。ビーバーでさえ生活を楽にするためにダムを作る。人間が他の動物と違うところは、常に新しいことを始めるために、あるいは新たなテリトリーを開拓するために道具を開発し、作り続けることである。

人間は本来、探検者であり冒険者である。人が発明する道具によって、しばしば新たな探検、新たな冒険の企図が可能になる。帆船から月ロケットまで、道具は人間がそれまで足を踏み入れたことのない場所へ行くことを可能にしてきた。探検や冒険への人間の興味は、地理的環境に限られたものではない。科学は果てしないフロンティアであり、そこには探検されるべき新しい世界が常に存在する。そして発見されたものを利用して、また新しい道具が作られる。

通常、人間の探検への興味には、社会の支援が必要だ。コロンブスは一五世紀のスペインの納税者によって支援されていた。ちょうど月面着陸計画が二〇世紀のアメリカの納税者によって支援されていたのと同じように。探検とは個人的な活動ではないのだ。

人間は、危険性や不確実性を伴う活動を好むようだ。例えば、高い山を前にすると登頂しようと試みる。その頂上に価値あるものがあるわけではないと、だれもが知っているのだが。他の動物であれば、全く報酬がないことにはとり組まないものである。

また、動物によっては群をなすもの（オオカミ）もあれば、そうでないもの（ピューマ）もあるが、人間は明らかに群れる動物である。隠生者は例外であり、隠生者として生きられる人間はほとんどいない。人間の群れの行動で動物と異なるのは、時とともに変化する複雑な社会を創造する、社会の建造者であることだ。オオカミの群れでは、それぞれのオオカミが占める権力的地位は変わるが、支配パターンは変わらない。だが、人間が築いた中世の都市は、今日の都市とは大きく異なる。人間を人間にしているのは、社会統制なのだ。人間は弱肉強食という自然の状態で生きているのではない。社会統制が崩壊して弱肉強食になると（一九七五年から七九年のポル・ポト支配下のカンボジアのように）、人間の生活水準は急速に低下することになる。

他の動物とは異なり、人間は過去と未来の両方に関心をもっている。過去に自分の存在が由来し、また、これからも向かっていく明日があるという感覚をもっている。しかし、未来は運勢によって定まっているわけではなく、それは少なくとも部分的に人間の手中にある。人は、未来を積極的に形作るための投資を行うことができる。

人間は影響力をもちたいし、時の砂にその足跡を残したいと思う。一個人として歴史にその名を刻む人はごく小数だが、「建設」に参加したという意味であれば、歴史に残る可能性をだれもがもっている。たとえば、エジプトのモニュメントがファラオたちによって建設されたのではないことは、だれもが知っている。それはエジプトの市民たちによって建てられたのだ。

人間は本質的に、競争する者であると同時に協力し合う者である。機能するためにはその両方が必要だ。共産主義は、競争のない協力に基づいて経済を建設しようとした。しかし、それは失敗に終わった。反対に資本主義が、もし協力を無視した競争のみに基づいて経済を建設しようとするなら、同じように失敗するだろう。資本主義の長期的な繁栄を確保するために必要な、教養のある労働者、しっかりしたインフラ、研究開発の努力などがなくなってしまうからだ。競争のみでは、社会は機能しないのである。

歴史的に見ると、ダイナミックな社会、停滞した社会、衰退した社会、そして絶滅してしまった社会などがある。ダイナミックな社会とは、混沌と秩序のバランスがちょうどよい社会である。

一九世紀後半のロシアを見てみよう。トルストイ、ドストエフスキー、ツルゲーネフ、ゴーゴリ、プーシキン、チェーホフなど、これだけの多くの偉大な作家が、同じ国の同じ時代に存在したことは、おそらくないだろう。しかし、彼らの生きていた社会（帝政ロシア）は今にも崩壊し、絶滅しようとしていた。創造性を発揮するためには、混沌が必要なのである。混沌は面白く、刺激的であり、新しいチャンスを広げてくれるのだ。

あまり秩序がしっかりしすぎていると、創造的になるのは不可能である。何にでも正しいやり方が定められてしまっているからだ。中国には、ヨーロッパで一九世紀に産業革命が起こる何百年も前に、産業革命に必要な技術がほとんど揃っていたが、秩序への要求によって新技術が発展できない環境が作られてしまっていた。

しかし同時に、創造性を活かして人間の生活条件を変化させ、向上させるためには、ある程度の秩序も必要である。純粋なる混沌は、アフガニスタンやカンボジアを見てもわかるように、何も価値あるものを生み出さない。

人間が人間であるのは、こういった多様な特質、欲望、欲求をもっているからである。しかし、事実上、今日の経済では、個人消費だけを正当な経済的目標としているようだ。

残念ながら、われわれが他の動物と違うところはすべて無視され、他の動物と似ている一箇所だけが、唯一の正当な社会的、経済的目標とされてきた。

現代の経済理論では、個人消費のみが利益、つまり個人的効用を生み出す。他のすべてのことは、その目的に達するための手段にすぎず、利益というよりコストとみなされる。投資はあくまでも、将来的な生涯消費を増大させるために必要であると考えられている。すべての投資活動は、それによって生み出される消費利益の価値が、それによって課されたコスト（されなかった現在の消費も含む）より大きいとの条件により、正当化されなければならない。

未来と現在の消費利益は、時間の軸での計算によって決定される。すなわち、その人に今日1ドル分の消費を諦めることを納得させる、将来のある時点でその人が得るに違いない消費量によってである。われわれの生涯消費の総量を増大させるために、投資は必要とされているが、その面、直接に利益や個人的効用につながらない場合、投資そのものが評価されることはない。

その結果、投資活動に関しては、自由市場経済とはいえ、指導型が多く、非常に限定的である。ポジティブな正味現在価値を生み出すという基準に見合った投資活動のみが実行されるべきであり、ネガティブな正味現在価値を生み出す活動は、すべて打ち切られるべきとされる。自由市場はまさにこの経済理論の命令を執行するために存在するのだ。

しかし、個人消費活動の問題になると、基本原則は一八〇度転換し、完全に非指導的になる。いかなる消費パターンに対しても、オープンになるのだ。個人はそのお金を何にでも意のままに使う権利があり、だれも他人の消費を愚かだとか馬鹿げているとか決めつけることはできない。政府も企業も、支出の配分が非効率であれば非難されるが、個人は非難されない。何でもありだ。その人自身は、自分が間違いを犯したとか、自分の判断で無駄な支出をしたとか言うことができるが、他人はだれも、その人が間違いを犯したと非難することはできないのである。

この現代経済学の中心的命題を理解するためには、経済学が、あるひとつの重要な面で、他のすべての学究的分野とは完全に異なるということを思い起こすことが重要だ。それは、「こうあるべきだ」の理論、――一種の神学といってもよい――をもっていることである。経済学者は、自由市場確立の長所について語る。自由市場だけが、個人消費を極大化できるからだ。経済学者は、市場の欠陥（独占、税金、法的規制）の除去について語る。それらは自由市場が約束したこと、すなわち、最大限の個人消費の実現を阻止するからだ。これとは対照的に、神を研究する人たちは、神の欠陥とか、彼らの見るものが彼らの理論にフィットするように、宇宙の何かを除去するなどということは言わない。彼らには神の最適なあり方に関する規範的理論は存在しない。

この経済理論で完全に忘れられているのは、人間を動物と異なった種にしている特質そのものである。前にもふれたが、人間固有の特質をまとめて述べるなら、われわれは、創造し建設することから利益や効用を得られる、「ソーシャル・ビルダー」であるといえるかもしれない。人は「消費商品」を享受するのと同じくらい、「投資商品」を享受し、誇りに思うことができる。人々がその社会的局面に誇りをもつかどうかは、その人の社会的条件づけによるといえるだろう。

過去に長期的に栄えた社会の多くは、その社会的な条件づけによって、個人の利益よりも、集団の繁栄を重んじるという特徴をもっていた。ローマ帝国はこのような社会のひとつであったわけだが、そこでは、公共の建築物を建てることは、個人の家を建てることより重要だと考えられていた。

しかし今日の場合、社会的条件づけのすべては、個人的消費第一主義をあおり、その他のものは全く重要性がないという考えへと向かっている。最新の電子広告の出現により、個人消費を促す広告に巨額の金が費やされているが、投資商品や集団的商品の重要性についての広告には、ほとんど何も費やされていない。

冷戦の終結とともに、社会教育、インフラ、研究開発活動は、もはや防衛に必要なものとして正当化できなくなった。もう敵が軍事的優位を獲得しないように、社会投資をする必要もなくなった。社会的協力が必要となるような外敵はいなくなったのである。

資本主義に代わる制度としての社会主義の消滅によって、資本主義は、より厳しい、昔ながらの「適者生存」のメンタリティに逆戻りしてしまった。政治的競争相手がいないため、資本主義は、食物連鎖の頂点にいる人々だけでなく、人口全体の面倒もみることができると主張する必要がなくなった。社会的協力を強調する代替の社会システムが、競争相手として存在しなくなったからである。

二一世紀の成功は、「創造の環境」で決まる

創造性、そして創造性を受け入れ育む環境こそが、二一世紀の成功の中心的な要素になるだろう。

なぜアメリカの二つの偉大なハイテク地域、シリコンバレーとルート128が存在するのか。その答えの一部は、優秀な教育機関（バークレーとスタンフォード、ハーバードとMIT）にある。しかし、アメリカにはそれ以外にも優秀な大学はある。これらハイテク地域の本当の起源は、優秀なアイデアに基づいて喜んで資金を貸し出し、担保として物質的な資産を要求しなかった金融機関にあるといえる。

また、社会学的な要素も大きな意味をはたしてきた。若いエンジニアが、雇い主から独立して新しい事業を設立したとしよう。どうなるだろうか。彼の昔の雇い主や他の大手の雇い主たちが、彼を裏切り者として扱い、主義として彼が生産したものの買い入れを拒否するだろうか。もしそうなら、その新しいビジネスは破綻する可能性が高い。なぜなら、

新事業のほとんどは、まず既存の会社、しばしばもといた会社に部品を売ることから始まるからだ。商標名、広告、小売店の棚スペースを獲得するのが難しいことなどから、最初から直接一般向けに販売する新企業は非常に少ない。

起業家の新事業が失敗したらどうなるか。新しいビジネスのほとんどは失敗し、その起業家は仕事を探さなければならなくなる。新しい雇い主たちは彼を、永遠に失敗する人間とみなし、雇うのを拒否するだろうか。あるいは雇い主は、新しいビジネスのほとんどは、起業家に個人的な落度がなくても失敗することを知っており、彼を意欲や独創力あふれる、勤勉で、優秀で、エネルギッシュな労働者とみなすだろうか（シリコンバレーやルート128ではそうしている）。もし、前者のような態度をとられるのなら、新しいビジネスを始めようとする人は、ほとんどいなくなるだろう。個人的リスクがあまりにも高すぎるからだ。

現在の起業家精神の程度がどんなものであれ、それを拡大するための措置をとることはできる。私の雇い主、マサチューセッツ工科大学について考えてみよう。MITの卒業生および教職員は、四、〇〇〇の企業を創始し、それらが一一〇万人の人々を雇用し、二、三二〇億ドルの売上を上げている。MITが創始した会社だけで、世界経済で二四番目の大きさの経済になる。起業家精神の伝統は明らかに存在しているのだ。

しかし、この十年間に、その伝統は計画的に成長してきた。MITの特許事務所では、特許を売る方針から、その技術を使用する会社の株式を保有するという方針へ変更してきた。こうすることで、MITの技術を使って新しいビジネスを始める場合、コストがずっと安くすむのである。すでに新しいビジネスを始めている人たちが、これから新事業を興そうと思っている人たちを教育や指導できるように、MITエンタープライズフォーラムという組織が設立された。

学生たちは、新事業計画のコンテストで争い、勝者には五万ドルの賞金が与えられる。しかし、賞金そのものは、今では副次的なものになってしまった。なぜなら、発表された計画の多くが(優勝してないものも含め)、コンテストに出席するベンチャーキャピタリスト(新事業投資家)の融資を受けているからだ。五年前、MITはその年最高のアメリカの発明に対して、レメルソン―MIT賞(五〇万ドル)を授与し始めた。その年最高のMITの学生の発明者には、三万ドルの賞が授与される。これらすべては、新しい企業を築くという既存の伝統を支え、拡大してきたものである。

しかし、さらに必要となるものがある。優秀な建築家が偉大な建物に資金を出してくれる人を必要とするように、創造的なブレイクスルー知性をもつ人も、ブレイクスルー思考を採り入れる社会システムを必要とする。

創造的な思考といっても、未来の新しい成長産業で競争して成功したいのなら、その創造的思考は、新しいブレイクスルー技術を使って新しい会社を作り、急速に大きな会社に発展させられるものでなければならない。

たとえば、アメリカとヨーロッパを比較してみよう。一九六〇年と一九九六年のアメリカで最大手企業二五社（株式の時価総額ベース）のリストを見ると、一九九六年の最大手二五社のうち六社は、三六年前には存在していなかったか、非常に小さかった。インテル社もマイクロソフト社も一九六〇年には存在していなかった。ヒューレットパッカード社は、従業員が千人以下しかいなかった。西欧についても同じように見てみると、一九九六年の最大手企業二五社はすべて、一九六〇年にもすでに大企業であった。つまりヨーロッパは、戦後、新しい企業を大きく発展させることが全くできなかったのだ。

これは重要なことだ。古い大企業が大きなブレイクスルー技術のリーダーになることはほとんどないからである。古い企業は、自らをつぶして、次々と現れる新しい機会を積極的に利用することが非常に苦手である。

本書の序章でもふれたトランジスターの例を考えてみよう。これは、ベル（AT&T）研究所で発明された後まもなく、ゼネラルエレクトリック（GE）研究所でも独自の研究によって発明された。GEは、真空管で支配的な地位を占めていたが、トランジスターの開発計画を真空管部門へ与えた。しかし、真空管部門はその開発を遅らせた。結局トランジスターは真空管部門を廃業に追い込むことになったが、GEは自らの手でそうすることはできなかった。今日に至るまで、GEはアメリカ最大の企業であり、最も成功している企業だと主張する人も多いが、半導体産業においては、重要なプレイヤーではない。GEだけではない。真空管メーカー五社のうち、半導体チップ生産に成功した会社はひとつもない。

同じように、世界の主要製薬会社の中で、バイオテクノロジーの開発に指導的役割を果たした会社はひとつもない。それらはみな、自社で開発するというより、新しいバイオテクノロジー会社を買収しなければならなかった。

同じ理由により、歴史のある大企業は、通常、新しい技術がもたらす価値をよく認識していない。ＩＢＭ社はインテル社の二〇パーセントを所有していたが、その株すべてを売却してしまった。もしそれを今でも所有していれば、ＩＢＭ社の総市場価値は三〇パーセント近く押し上げられるだろう。

同様に、今日の主要小売企業は、電子小売業の支配的企業にはならないだろう。もし彼らが新しい技術に積極的に飛び込んだら、外部の電子小売業者が彼らの現在の顧客を獲得するよりずっと早く、自ら自分たちの顧客を奪ってしまうことになる。

短中期的には、古い技術にしがみついていた方が利益につながる。アメリカ最大の小売業者、ウォールマート社は、最近電子ストアを開設したが、電子ストアの商品の値段を、実際のお店の値段よりわずかに高めにするという注意を払っている。しかし、電子小売業の長所は、本来コストが少なく、値段がかなり安くなるということにある。しかし、ウォールマート社は、何千もの店舗にあまりにも多くの資金を投資しており、積極的に新しい技術を採用することができない。もしそうしたなら、長い期間にわたり、自らに損失を負わせるような結果になる。

ヨーロッパや日本の金融機関、その社会学、社会ルールおよび規制、そして大学などは、新しい大企業を発展させるためのよりよい環境を作るという観点から、再検討される必要がある。

新時代の経済ゲーム、三つのレベル

次の世紀では、経済ゲームは三つのレベルで繰り広げられるだろう。
(1)**国や地域のレベル**――もし、どこかの地域が、国民のすべてに世界第一級の所得を得てもらいたいと思うなら、国民の一人ひとりが、世界のどの国民にも負けない技能と教養をもつようにしなければならない。そして、このような高度に熟練した労働者は、世界クラスの電気通信と輸送インフラへのアクセスをもたなければならない。もし彼らが未来の新しい知力産業に参加するのであれば、彼らの国はこの分野での可能性を最大限に伸ばす研究開発のリーダーでなければならないだろう。

⑵**企業のレベル**――企業は、雇用する技能のレベル、行う資本投資、技術的強さ、そして、地球規模で供給源をもち、販売能力に基づいてゲームをするだろう。新設企業が急速に成長して大きな多国籍企業になることは、成功の重要な要素になる。社会的規制や社会的姿勢は、産業の柔軟性を容認するものでなければならないだろう。

⑶**個人のレベル**――個人は、教養と技能、そして積極的に自己ゲームをすることになる。日本もこの三次元で十分に成功する可能性をもっているが、今とは違う日本でなければならない。将来的に極めて重要となるのは、「建設者のゲーム」の基礎を理解し、必要な変革を意欲的に進めることである。

エピローグ　探検精神の復活

——日本が今、前進するために——

一九九〇年代、バブル経済の終焉後、日本は七年の実り少ない歳月を経験している。一九九七年最終四半期に起こった銀行や証券会社の崩壊は、この国の経済的苦難のひとつの現れにすぎない。日本経済は、まだ戦後最長の不況を脱出しておらず、政治家も経済学者も国民をなだめようとはしているが、途方に暮れているようである。

今日、日本人は、先へ進むための新しい探検精神を復活させ、あるいは新たに創り出す必要がある。サムライ精神は、何世紀にもわたり日本を特徴づけてきた。そして、戦後の再建期においても、日本人が西洋に追いつく上で、忠誠、勤勉、自己犠牲を強調するこの精神が役立ったと言える。しかし現在の日本の状況は、サムライというよりは、むしろ主人も目的もなく放浪する浪人のようである。

第二次世界大戦後のサムライ精神は、「アメリカに追いつけ」というものだったが、これはすでに達成されている。追いつくということは一回しかできない。今や日本人は、新しいビジョンを見つけ、新しい目標を設定し、新しい地平線へ向かって進むべきときである。何らかのビジョンがなくては、精神を復興し、経済の活力を回復することはできない。

おそらく、サムライのアナロジーはもうあまり通用しなくなってきているのだろう。サムライには何をするべきかを教える主人が必要だが、すでに追いついてしまった世界には、ゲームのルールを規定する主人はどこにもいないのだ。今や日本人は、ルールや目標を自分自身で規定しなければならなくなった。そしてこれは、新たな過酷な状況であるといえる。今まで存在した枠組みのなかに答えを見い出すことはできないから、型にはまった考え方ややり方を乗り越える必要がある。もっと一生懸命働いたり、従来のやり方をより熱心に続けるというだけでは、もううまくいかないのだ。

ビジョンがなくては先へ進むことはできない。しかし、日本が世界についてもっているビジョンには、あるいはこの世界における目前の目標にさえ、多くのあいまいさが存在する。

日本はアジアで指導的役割を果たすのか、そして果たせるのか。日本はそうするだけの経済的な力と技術レベルをもってはいるが、これらの力には適切な包含的ビジョンと有効な政治的冒険心が伴うだろうか。

かつて日本でよく使われた言葉に、アジアを飛行する雁の群れの編隊にたとえ、日本がそのリーダーになるというのがあった。私は、これは日本人が雁について何も知らないことを証明している、とジョークを言ったものだ。実際、雁の編隊では、先頭の雁が定期的に交代する。ずっと先頭を飛んでいられるほど体力のある雁はいないからだ。アジアにおけるリーダーシップは、非常に慎重さを必要とする問題である。それは、歴史的な理由によるものだけではなく、各国の経済発展のレベルにあまりにも差があるからでもある。

もうひとつの基本的な課題は、日本は中国が経済的に強くなってほしいのか、ということである。中国をできるだけ弱い状態にとどめておくという戦略の場合にとる措置と、隣に裕福な国があったほうがよいと思う場合の措置は、全く異なる。今日とる措置は、明日のビジョンや戦略にかかっているのだ。

日本は、現在の資本主義よりうまく未来へ橋渡しできるような、しっかりとした経済発展のための代替モデルを用意しているだろうか。

日本は、グローバルな問題にとり組む意志と能力があるだろうか。民族紛争の問題から、真のグローバルなベンチマーキング、そして地球環境問題に至るまで。

これらの問題に答えなければならないのは、日本人自身である。日本人自身が新しい目標を設定し、世界における、そして世界に対するビジョンを定義しなければならない。日本がどこへ行くべきかを、日本のためにだれかが決めることはできない。日本人のみが決められるのだ。

もう一度、クリストファー・コロンブスの冒険と、彼がのちに歴史上最も偉大な探検家の地位に祭り上げられることになった教訓を繰り返しておこう。本当に重要なことは、いかに頭がよいかとか、幸運かということではない。重要なのは、新しい未知の活動の道を探検する意志なのだ。未知の海へと船出していく意志、勇気が、われわれを本当に成長させる。そして今こそ、この勇気を奮い起こして旅を始めるべきときなのだ！

〈著者紹介〉

レスター・C・サロー

Lester C. Thurow

経済学者。1938年アメリカ、モンタナ州生まれ。世界的に知られる政策・経済問題の権威。オックスフォード大学、ハーバード大学で経済学の博士号を取得。ジョンソン大統領の経済諮問委員会のスタッフエコノミストを務めた後、ハーバード大学経済学部助教授、マサチューセッツ工科大学経済・経営学部教授として教鞭をとる。専門は国際経済学、財政学、マクロ経済学、所得分配経済学。現在は、数々のアメリカ紙や国際紙での執筆、テレビ出演など幅広く活躍。著書も多く、『ゼロ・サム社会』(邦訳・TBSブリタニカ)は世界的ベストセラー。他に『大接戦』(邦訳・講談社)『資本主義の未来』(邦訳・TBSブリタニカ)など。アウトドアライフをこよなく愛する冒険家でもあり、最近も、カメラを手に北極での白熊探し、ヒマラヤ山脈登山などにチャレンジしている。

〈訳者紹介〉 **島津友美子(しまづゆみこ)**

立教大学文学部史学科卒業後、カリフォルニア大学バークレー校、カリフォルニア州立大学サンフランシスコ校でアメリカ史を学ぶ。シカゴトリビューン東京支局勤務を経て、現在フリーのライター、通訳・翻訳家。

未来を拓くケイ素革命

椋代《むくだい》 譲示《じょうじ》 著

メディアも紹介し、企業も注目した、今話題の活性ケイ素の有用性を説く。

四六判　定価（本体１，５００円＋税）

本書は、独自開発の活性ケイ素を本体とする、土壌活性剤を使った農法を提唱する。世界に類のない活性ケイ素は昭和40年、著者の恩師、東工大の立木健吉博士たちが発明したものである。砂漠化、汚染にまみれる地球を、豊かな大地として甦らせる解決策を、実践例を通して明示する。

本書は、レスター・C・サローが日本人向けに書き下ろした

The Age of Economic Exploration を、世界に先駆けて出版したものです。

The Age of Economic Exploration

Published by Tachibana Shuppan, Inc.

Republished in cooperation with toExcel,
a strategic unit of Kaleidoscope Software, Inc.

For information address:
toExcel
165 West 95th Street, Suite B-N
New York, NY 10025
www.toExcel.com

ISBN: 1-58348-139-7

Library of Congress Catalog Card Number: 99-60378

Printed in the United States of America

0 9 8 7 6 5 4 3 2 1

www.ingramcontent.com/pod-product-compliance
Lightning Source LLC
Chambersburg PA
CBHW030426290526
45786CB00001B/151
* 9 7 8 1 5 8 3 4 8 1 3 9 4 *